세상에서 제일 쉬운
10문장 영어회화

세상에서 제일 쉬운
10 문장 영어회화

초판 3쇄 발행 | 2022년 6월 5일

지은이 | 선현우
발행인 | 김태웅
책임편집 | 안현진, 김현아
디자인 | 남은혜, 신효선
마케팅 총괄 | 나재승
제 작 | 현대순

발행처 | (주)동양북스
등 록 | 제 2014-000055호
주 소 | 서울시 마포구 동교로22길 14 (04030)
전 화 | (02)337-1737
팩 스 | (02)334-6624
웹사이트 | http://www.dongyangbooks.com

ISBN 979-11-5768-607-0 13740

이 도서의 국립중앙도서관 출판예정도서목록(CIP)은 서지정보유통지원시스템 홈페이지(http://seoji.nl.go.kr)와
국가자료공동목록시스템(http://www.nl.go.kr/kolisnet)에서 이용하실 수 있습니다.
(CIP제어번호: CIP2020009164)

세상에서 제일 쉬운

10 문장

영어회화

선현우 지음

📖 동양북스

한국인의 영어에는
'작은 성공의 경험'이 필요합니다!

영어회화, 왜 해도 안 될까요? 아주 쉽게 말하면 '공부를 제대로 안 해서'이고, '연습을 충분히 안 해서'입니다. 하지만 그런 말만으로는 여러분에게 도움이 안 됩니다. 근본적으로 어떤 점이 문제이고, 어떻게 공부해야 '제대로' 하는 것인지를 알아야만 합니다.

우리는 안타깝게도 입시 위주의 잘못된 영어 학습 방법으로 인해 오랜 시간 영어에 실패해 왔습니다. 그래서 이미 마음속에 '영어는 해도 안 돼'라는 부정적인 사고가 강력하게 자리잡고 있어, 영어를 공부하다 조금만 어렵거나 힘든 순간이 오면 '그럴 줄 알았어. 역시 영어는 해도 안 돼.' 하는 결론에 쉽게 빠져듭니다. 즉, 우리는 영어 공부 실패에 중독되어 있습니다.

따라서 우리의 영어에 가장 먼저 필요한 것은 '작은 성공의 경험'입니다. '어, 영어 공부하니까 되네', '내 실력이 늘었네' 하고 자신이 성장했다고 깨닫는 순간 우리는 '성취감'을 느끼게 되고, 그 경험이 반복되면 점차 '실패'가 아니라 '자기 성장'에 중독됩니다.

'작은 성공'을 경험하기 위해서는 우선 쉬운 영어를 반복하세요. '아는 것'과 '말할 수 있는 것'은 별개입니다. 너무 어려운 문장은 보면 이해는 되지만, 내 입으로 말할 수 없는 경우가 많습니다. 따라서 내가 소화하기 힘든 표현보다는 내가 말할 수 있는 쉬운 영어문장부터 시작하는 것이 중요합니다. 일단 이 책의 모든 문장을 내 입으로 말할 수 있을 때까지 훈련해 보세요.

이 책에서는 하루 10개의 쉬운 문장을 패턴을 활용하여 소개하고 있습니다. 패턴은 문장을 만드는 공식이기 때문에, 패턴을 활용하면 내가 하고 싶은 말을 무한대로 만들어 낼 수 있습니다. 초보자들도 쉽게 익힐 수 있는 표현부터, 영어를 어느 정도 배운 학습자들도 활용할 수 있는 재미있는 표현까지, 자주 쓰이면서 응용이 어렵지 않은 패턴 200개를 소개합니다. 각각의 패턴마다 5개씩 예문을 접할 수 있으니, 이 책으로 공부하면 최소한 1,000개의 새로운 영어 문장을 배우고, 그보다 훨씬 더 많은 문장들을 여러분 스스로 만들어 보실 수 있습니다.

책에 나오는 예문들 중에서 조금이라도 '나와 안 맞는' 내용이 있다면, 문장 안에 있는 단어들을 과감하게 '나에게 맞는' 내용으로 교체해서 내 것으로 꼭 만들어 보세요. 그러다가 문장 패턴이 실수로 어긋나서 틀린 표현이 만들어진다고 하더라도 전혀 문제될 것 없습니다. 그런 실수들도 모두 다 영어를 배우는 데 있어 필요한 과정이니까요. 이 책 속의 문장 재료들을 이용해서 여러분만의 재미있고 의미 있는 영어 문장들을 마음껏 만들어 보세요!

선현우

영어회화 잘하고 싶으세요?
쉬운 문장을 내 입에 완전히 익숙해질 때까지 반복하세요

여러분의 영어에 '작은 성공의 경험'을 선물하세요!

우리는 너무나 오랫동안 영어에 실패해 왔기 때문에, '영어 실패'에 '중독'되어 있습니다. 지금 우리의 영어에 필요한 것은 '작은 성공의 경험'입니다. 이 책에 제시된 아주 쉬운 문장들을 입에 익혀 마스터함으로써, '공부하니까 영어가 진짜 되네'라는 당연한 사실을 직접 경험해 보세요.

쉬운 영어로 '나만의 영어 기본기'를 만드세요!

너무 과한 공부는 영어를 포기하게 합니다. 쉬운 영어 문장을 하루에 딱 10문장씩만 바로바로 말할 수 있게 익혀 보세요. '쉬운 영어'라서 누구나 쉽게 익힐 수 있고, 바로 말할 수 있게 익히니까 어떤 상황에서도 자유자재로 꺼내 쓸 수 있는 나만의 영어 기본기가 만들어집니다.

영어회화는 '패턴'으로 익히면 가장 빠릅니다!

수학에 '구구단'이 있다면, 영어에는 '패턴'이 있습니다. 구구단을 익히면 수의 계산이 쉽고 빨라지는 것처럼, 패턴을 익히면 복잡한 문법을 따로 익힐 필요 없이 영어회화를 쉽고 빠르게 말할 수 있습니다. 또한 단어만 바꿔주면 나만의 문장도 손쉽게 완성할 수 있습니다.

'눈으로 공부'하지 말고 '입으로 훈련'하세요!

아는 것과 말할 수 있는 것은 별개입니다. 뜻을 안다고 내 영어가 되는 것이 아니라, 내 입으로 말할 수 있는 문장만이 진짜 내 영어회화 실력입니다. 이 책의 모든 문장들을 내 입으로 말할 수 있을 때 충분히 입으로 훈련하세요. 영어는 공부가 아니라 훈련입니다.

하루 10문장 입에 붙이기

하루 10문장씩 100일 학습에 도전해 봐요! Day마다 **Pattern A**, **Pattern B**의 2개의 패턴을 통해 각 패턴당 5개 문장, 총 10개 문장을 소리 내어 읽으며 훈련해 주세요.

패턴 및 설명

네이티브가 일상생활에서 가장 자주 쓰는 영어 패턴들을 엄선하여 수록하였습니다. 표현의 뉘앙스 및 주의점도 상세하게 설명하여 누구나 쉽게 이해하고 익힐 수 있습니다.

핵심 예문

각 패턴별로 실제 회화에서 가장 많이 쓰이는 5개의 예문들을 수록하였습니다. 제시된 표현을 익힌 후 평소 본인이 자주 말하는 문장을 영작해 '나만의 문장'을 만들어 보세요.

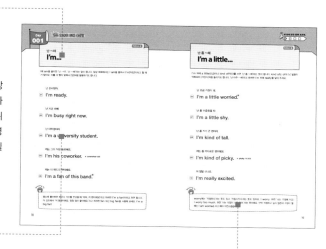

Speaking Tip

예문 중 ★가 붙어 있는 문장을 조금 더 상세하게 살펴보는 코너입니다. 어색한 문장 활용을 예방하는 뉘앙스 설명, 자연스러운 발음을 위한 팁 및 은근히 헷갈리는 유사 표현까지 꼼꼼히 알려드립니다.

🎧 MP3 무료 다운로드

- 본문을 '우리말-영어'의 순서로 녹음한 MP3 파일을 무료 제공합니다. MP3를 통해 정확한 영어 발음을 익힌 후, 각 문장을 MP3의 속도로 말할 수 있도록 충분히 연습하세요.
- **MP3 다운로드** | www.dongyangbooks.com

Contents

Day 021~030

Day 031~040

Day 051~060

Day 061~070

Day 081~090

 **001~010**

> " 이 과가 끝나면 여러분도
> 아래와 같은 말을 영어로 말할 수 있게 됩니다! "

Pattern A

난 ~야
I'm...

I에 am을 붙이면 '난 ~야', '난 ~해'라는 말이 됩니다. 일상 회화에서는 I am을 줄여서 I'm[아임]이라고 할 때가 많아요. 이를 더 빨리 말해서 [암]처럼 발음하기도 합니다.

난 준비됐어.

01 **I'm ready.**

난 지금 바빠.

02 **I'm busy right now.**

난 대학생이야.

03 **I'm a university student.**

저는 그의 직장 동료예요.

04 **I'm his coworker.** ▶ coworker 동료

저는 이 밴드의 팬이에요.

05 **I'm a fan of this band.**★

Speaking Tip

평소에 좋아하던 배우나 가수를 만났을 때 '어머, 저 팬이에요!'라고 하려면 I'm a fan!이라고 하면 됩니다. 더 강조해서 '저 왕팬이에요. 엄청 많이 좋아해요.'라고 하려면 fan 대신 big fan을 사용해 보세요. I'm a big fan!

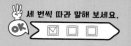
Pattern B

난 좀 ~해
I'm a little...

I'm 뒤에 a little(조금)이나 kind of(약간)를 쓰면 '난 좀 ~해'라는 뜻이 됩니다. kind of는 of의 [v] 발음이 약화되어 [카인다]처럼 들리기도 합니다. '난 아주 ~해'라고 하려면 I'm 뒤에 really를 넣어 주세요.

난 조금 걱정이 돼.

06 **I'm a little worried.**★

난 좀 수줍음을 타.

07 **I'm a little shy.**

난 좀 키가 큰 편이야.

08 **I'm kind of tall.**

저는 좀 까다로운 편이에요.

09 **I'm kind of picky.** ▶ picky 까다로운

저 정말 신나요.

10 **I'm really excited.**

Speaking Tip

worry에는 '걱정하다'라는 뜻도 있고 '걱정시키다'라는 뜻도 있어요. I worry. 하면 '나는 걱정해.'이고 I worry too much. 하면 '나는 걱정이 너무 많아.'라는 뜻이에요. 만약 걱정하고 싶지 않은데 걱정이 될 때는 I am worried.라고 해야 자연스럽습니다.

하루 10문장 입에 붙이기

난 ~였어
I was...

I am은 현재형으로 '난 ~야'라는 뜻이고, 이것을 '난 ~였어'라는 과거형으로 바꾸면 I was가 됩니다. 원래 발음은 [아이 워즈]에 가깝지만, 빠르게 말할 때는 [아워즈]처럼 발음되는 경우가 많아요.

내 말이 맞았어.

01 **I was right.**★

난 혼란스러웠어.

02 **I was confused.** ▶ **confused** 혼란스러워 하는

난 무척 목이 말랐어.

03 **I was really thirsty.**

저는 공부를 잘하는 학생이었어요.

04 **I was a great student.**

저는 그때 어린아이였어요.

05 **I was a kid back then.** ▶ **back then** 과거 그때에, 그 당시에

Speaking Tip

'내 말이 맞았어.'라고 말하고 싶을 때, '내 말'을 my words로 직역해서 My words were right.이라고 말하면 어색해요. '내가 맞았어.'라는 뜻의 I was right.이 영어에서는 훨씬 자연스러워요. 반대로 '내 말이 틀렸어.'라고 말할 때는 I was wrong.이라고 하면 됩니다.

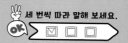

Pattern B

난 ~해지고 있어
I'm getting...

get에는 '(어떤 상태가) 되다'라는 뜻이 있어요. I'm getting...이라고 현재진행형으로 말하면 '난 ~해지고 있어'라는 뜻이 됩니다. getting 뒤에 형용사를 붙여서 어떻게 되어 가고 있는지 나타내 보세요.

배가 고파지네.

06 **I'm getting hungry.**

피곤해지네.

07 **I'm getting tired.**

난 나이가 들고 있어.

08 **I'm getting old.**

저는 점점 초조해지고 있어요.

09 **I'm getting nervous.**

저는 이 수업이 점점 질려요.

10 **I'm getting sick of this class.** ▶ **get sick of** ~가 지겨워지다

Speaking Tip

sick은 '아픈'이라는 뜻 외에 어떤 것에 '질린'이라는 의미로도 사용돼요. 어떤 사람의 농담이 지겨우면 I am sick of his jokes.와 같이 하면 됩니다. sick은 또한 '메스꺼운'이라는 의미로도 사용되고, 구어체에서는 '아주 멋진'이라는 의미로도 사용돼요.

Pattern A

난 ~하느라 바빠
I'm busy -ing

I'm busy.(난 바빠.)라는 표현은 잘 아실 거예요. 여기에서 한 단계 더 나아가서 busy 뒤에 동명사(동사+ -ing)를 붙여 주면 '~하느라 바쁘다'라는 말이 만들어집니다. busy to라고 하지 않도록 주의하세요.

난 저녁 준비하느라 바빠.

01 **I'm busy making dinner.**

난 TV 보느라 바빠.

02 **I'm busy watching TV.**

난 요즘 일하느라 바빠.

03 **I'm busy working these days.** ▶ **these days** 요즘

이메일에 답장하느라 바빠요.

04 **I'm busy answering e-mails.**

저는 지금 공부하느라 바빠요.

05 **I'm busy studying at the moment.** ▶ **at the moment** 바로 지금

Speaking Tip

busy는 기본적으로는 '사람'이 바쁘다고 말할 때 쓰는 표현이지만, '장소'에 대해서 말할 때 쓰기도 합니다. The restaurant is busy.처럼 어떤 곳이 바쁘다고 말하면, 그곳이 사람들로 붐비거나 손님이 많아서 복잡하다는 뜻입니다.

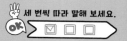
Pattern B

난 ~할 거야

I'm going to...

원래 go는 '가다'라는 뜻이지요. 미래에 내가 할 행동을 향해 간다고 생각하면 이 표현을 쉽게 이해할 수 있어요. '난 ~라는 행동 쪽으로 가고 있다', 즉 '난 ~할 것이다'라는 뜻이 되는 거죠. 정해진 계획이나 확실한 의지를 나타낼 때 사용해 보세요.

난 그에게 물어볼 거야.

06 **I'm going to ask him.**

난 버스 탈 거야.

07 **I'm going to take the bus.**

난 그를 해고할 거야.

08 **I'm going to fire him.** ▶ **fire** 해고하다

저는 내일 그것을 살 거예요.

09 **I'm going to buy it tomorrow.**

저는 그걸 이번 주에 볼 거예요.

10 **I'm going to watch it this week.**

Speaking Tip

더 확실한 계획, 더 가까운 미래에 대해서 말할 때는 I'm going to... 대신 I'm -ing를 쓰기도 합니다. 즉, I'm watching it this week.는 보통 '이번 주에 그걸 보고 있어.'보다는 '이번 주에 그걸 볼 거야.'라는 뜻으로 쓰입니다.

23

난 ~ 안 할 거야
I'm not going to...

I'm going to...가 확실히 정해진 계획이나 의지를 나타내기 때문에, 여기에 **not**을 넣으면 '난 (확실히) ~하지 않을 거야'라는 의미가 됩니다. 하지만 가벼운 계획을 말할 때도 많이 쓰여요.

난 울지 않을 거야.

01 **I'm not going to** cry.

난 그거 안 먹을 거야.

02 **I'm not going to** eat it.

너를 안 도와줄 거야.

03 **I'm not going to** help you.

오늘 차 안 쓸 거예요.

04 **I'm not going to** use the car today.

이번에는 잊지 않을 거예요.

05 **I'm not going to** forget this time.

Speaking Tip

누군가 '~할 거야?'라고 물었을 때 여기에 대한 대답으로 '아니, 안 할 거야.'라고 짧게 말하려면, 뒤에 별도의 표현을 붙이지 않고 간단히 No, I'm not going to.라고 문장을 마무리해도 됩니다.

Pattern B

난 ~할 계획이야

I'm planning to...

plan to는 '~하는 것을 계획하다'라는 뜻이므로 I'm planning to...는 '난 ~하는 것을 계획하고 있어', 즉 '난 ~할 계획이야'라는 뜻이에요. to 뒤에는 동사원형을 붙여서 말하면 됩니다.

난 집에 있을 계획이야.

06 I'm planning to stay home.

난 일찍 일어날 계획이야.

07 I'm planning to get up early.

난 유럽으로 여행을 갈 계획이야.

08 I'm planning to travel to Europe.

저는 그들을 다음 주에 만날 계획이에요.

09 I'm planning to meet them next week.

저는 새로운 곳으로 이사 갈 계획이에요.

10 I'm planning to move to a new place.

Speaking Tip

확실한 미래에 대해 얘기할 때는 I'm going to...를 사용하고, 계획중이지만 혹시라도 그렇게 안 될 수도 있을 때는 I'm planning to...를 사용하세요. I'm planning to... 대신 I plan to...를 써도 같은 의미입니다.

넌 ~야
You're...

you are의 줄임말인 you're는 발음이 your(당신의)와 같기 때문에 헷갈리는 경우가 있어요. 이럴 때는 문맥에 맞춰 구분해야 합니다. 원래는 [유어]처럼 발음하지만, 빠르게 말하면 [여-r]처럼 들릴 때가 많아요.

넌 운이 좋구나.

01 **You're lucky.**

네가 최고야.

02 **You're the best.**[★]

넌 내 유일한 친구야.

03 **You're my only friend.**

당신은 천재예요.

04 **You're a genius.** ▶ **genius** 천재

당신은 제 롤모델이에요.

05 **You're my role model.** ▶ **role model** (존경하여 본받고 싶은) 역할 모델

Speaking Tip

You're the best.는 글자 그대로 번역하면 '네가 최고야.'라는 말인데, 그 외에 '역시 너밖에 없다.' 또는 '고맙다.'라는 마음을 전달할 때도 자주 쓰이는 표현입니다.

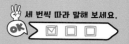
Pattern B

넌 ~가 아니야
You're not...

You're에 not을 붙이면 '넌 ~가 아니야'라는 표현이 됩니다. 때에 따라서는 are와 not을 줄여서 You aren't라고 쓰기도 합니다.

넌 뚱뚱하지 않아.

06 You're not fat.

넌 내 타입이 아니야.

07 You're not my type.

너만 그런 건 아니야.

08 You're not the only one.*

넌 더 이상 20대가 아니야.

09 You're not in your 20s anymore.

당신은 이 웹사이트의 회원이 아닙니다.

10 You're not a member of this website.

Speaking Tip

You're not the only one. 앞에 Come on.을 붙여서 Come on. You're not the only one. 이라고 말하면 '왜 그래? 너만 그런 게 아니야.'라는 일종의 반박 표현이 됩니다.

넌 ~를 잘하는구나
You're a good...

직역하면 '넌 좋은 ~야'인데, '넌 ~를 잘하는구나'라는 의미로 아주 많이 쓰이는 패턴입니다. good 뒤에는 singer(가수), cook(요리사)과 같은 명사를 쓰는데, 꼭 직업 가수나 직업 요리사가 아니어도 쓸 수 있습니다.

너 요리를 잘하는구나.
01 You're a good cook.

너 노래를 정말 잘한다.
02 You're a good singer.

너는 운동을 잘하는구나.
03 You're a good athlete. ▶ athlete 운동선수

당신은 다른 사람 이야기를 잘 들어 주는군요.
04 You're a good listener.

당신은 패배를 담담하게 잘 받아들이는 사람이군요.
05 You're a good loser.★ ▶ loser 패배자

Speaking Tip

경기나 내기 등에서 졌을 때 패배를 담담하게 잘 받아들이는 사람을 good loser라고 해요. 반대로, 진 것을 인정하지 못하거나 계속 삐쳐 있는 사람을 sore loser라고 합니다.

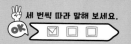
Pattern B

넌 ~야?

Are you...?

Are you...?는 '넌 ~야?', '넌 ~해?'라는 뜻으로, 상대방의 신분이나 상태 등을 묻는 표현입니다. 대답할 때는 맞으면 Yes, I am., 아니면 No, I'm not.이라고 하면 됩니다.

당신은 한국인인가요?

06 **Are you** Korean?

당신은 관광객이세요?

07 **Are you** a tourist?

진심이야?

08 **Are you** serious?

시간 있어요?

09 **Are you** available? ▶ **available** 시간이 있는

오늘 문 여요?

10 **Are you** open today?★

Speaking Tip

Are you open today?는 가게 등에 전화해서 오늘 영업을 하는지 묻는 표현입니다. 앞에 how late을 붙여 How late are you open?이라고 하면 '몇 시까지 여나요?' 하고 영업종료 시간을 묻는 표현이 되니 잘 기억해 두세요.

29

Pattern A

~할 준비 됐어?
Are you ready to...?

Are you ready?(준비됐어?)는 많이 들어 보셨죠? 이 뒤에 to를 쓰고 동사원형을 붙이면 '~할 준비 됐어?'라고 구체적으로 물어볼 수 있습니다.

갈 준비 됐어?

01 **Are you ready to go?**

시작할 준비 됐어?

02 **Are you ready to start?**

주문할 준비 되셨나요?

03 **Are you ready to order?**

재미있게 놀 준비 됐나요?

04 **Are you ready to have some fun?**

상사에게 이야기할 준비가 됐나요?

05 **Are you ready to tell your boss?**

Speaking Tip

Are you ready to 뒤에는 '동사'가 오는데, 만약 시험이나 행사처럼 '명사'를 붙이고 싶다면 어떻게 해야 할까요? 그럴 때는 to 대신 '위해서'라는 뜻의 for를 붙이면 됩니다. Are you ready for the exam?(시험 볼 준비 됐어?)

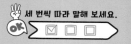
Pattern B

넌 ~할 거야?
Are you going to...?

be going to는 비교적 확실한 계획이나 의지를 나타내기 때문에, 이 패턴은 가까운 미래의 계획에 대해서 물을 때 많이 쓰입니다. going to 부분은 빠르게 발음될 때 gonna[거나]처럼 바뀌기도 합니다.

이거 쓸 거야?

[06] **Are you going to use this?**

그거 다 먹을 거야?

[07] **Are you going to finish that?**

전화기 새로 살 거야?

[08] **Are you going to get a new phone?**

그거 버릴 거예요?

[09] **Are you going to throw it away?** ▶ **throw away** 버리다

제 결혼식에 오실 거예요?

[10] **Are you going to come to my wedding?**

Speaking Tip

원가를 할 건지 여부를 묻는 게 아니라 '정말 그렇게 할 거야?', '정말 그럴 거야?'처럼 확실한 건지 묻거나 따질 때는 going to 앞에 really를 넣어 보세요. Are you really going to throw it away?(그거 진짜로 버릴 거야?)

넌 ~였어?
Were you...?

are의 과거형은 were입니다. Are you...?는 '넌 ~야?'라는 질문이므로, Were you...?는 '넌 ~였어?'라는 질문이 됩니다. 이 뒤에는 명사도 쓸 수 있고, 형용사도 쓸 수 있어요.

(어렸을 때) 넌 조용한 아이였어?

01 **Were you a quiet kid?**

학교 다닐 때 공부 잘했어?

02 **Were you a good student?**

어제 괜찮으셨어요?

03 **Were you okay yesterday?**

저 때문에 화나셨던 거예요?

04 **Were you upset because of me?**

그들이 부러웠나요?

05 **Were you jealous of them?**

Speaking Tip

> **were**의 발음 [워-r]에 익숙하지 않으면 were you가 입에 잘 붙지 않을 거예요. 그럴 때는 r 발음이 들어간 비슷한 단어들을 섞어서 연습하면 좋아요. Where were you?(어디 있었어?)와 Were you here?(여기 있었어?)를 연습해 보세요.

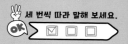
Pattern B

~해서 좋아
It's good to...

It's good. 자체만 놓고 보면 '좋아.'라는 뜻인데, 뒤에 'to+동사원형'을 연결해 주면 '~하니 좋네'라는 뜻이 됩니다.

밖에 나오니 좋네.

[06] **It's good to be outside.**

너 얼굴 보니까 좋다.

[07] **It's good to see you.**★

알게 돼서 다행이네요.

[08] **It's good to know.** ▶ '도움이 되는 정보네요'라는 의미

이렇게 여행하니 좋네요.

[09] **It's good to travel like this.**

다시 일하기 시작해서 좋아요.

[10] **It's good to start working again.**

Speaking Tip

많이 하는 실수들 중 하나가 원래 알고 있던 친구를 오랜만에 만났을 때 Nice to meet you.라고 하는 겁니다. meet에는 '처음 만나다'라는 의미도 있어서, 이럴 때는 It's good to see you. 또는 Good to see you.라고 하는 것이 자연스럽습니다.

~하기 쉬워
It's easy to...

'배우기 쉽다'처럼 어떤 일의 난이도가 낮다는 의미로도 쓰이고, '잊어버리기 쉽다'처럼 어떤 일이 일어날 확률이 높다는 의미로도 쓰이는 표현입니다.

그건 배우기 쉬워.

01 **It's easy to learn.**

그건 놓치기 쉬워.

02 **It's easy to miss.**

그 애를 속이는 건 쉬워.

03 **It's easy to fool her.** ▶ fool 속이다; 바보

제 이름은 기억하기 쉬워요.

04 **It's easy to remember my name.**

이런 종류의 실수를 하기 쉬워요.

05 **It's easy to make this kind of mistake.**

Speaking Tip

실제 대화에서는 to 뒤에 나오는 동사가 강조되고 to가 약화되어 [투]보다는 [루]에 가깝게 발음되는 경우가 많습니다. It's easy to[루] learn.처럼 발음 연습을 해 보세요.

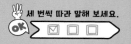
Pattern B

~하기 너무 늦었어
It's too late to...

It's too late. 하면 '너무 늦었어.'라는 뜻인데, '~하기에는 너무 늦었어'라고 하려면 뒤에 'to+동사원형'을 붙이면 됩니다. 적절한 시기를 놓쳤을 때, 시간이 너무 늦었을 때 사용해 보세요.

아침을 먹기엔 너무 늦었어.

[06] **It's too late to have breakfast.**

주문을 취소하기에는 너무 늦었어.

[07] **It's too late to cancel the order.**

치킨을 시키기에는 너무 늦었어.

[08] **It's too late to order fried chicken.**

일정을 바꾸기에는 너무 늦었어요.

[09] **It's too late to change the schedule.**

처음부터 다시 시작하기에는 너무 늦었어요.

[10] **It's too late to start over.**　▶ start over 처음부터 다시 시작하다

Speaking Tip

이 표현에 never를 넣은 It's never too late to...도 자주 쓰이는 표현입니다. '~하기에 너무 늦는 법은 없다'라는 뜻이에요. 즉, '늦더라도 ~하는 게 낫다'라는 의미지요. It's never too late to learn.(배움에 있어서 너무 늦었다는 건 없다.)

35

~하는 건 불가능해
It's impossible to...

'가능한'이라는 단어 possible 앞에 im-을 붙이면 '불가능한'이라는 뜻의 impossible이 됩니다. im-이나 in-은 이렇게 반대말을 만들 때 자주 사용돼요. 도저히 안 되겠는 일, 도무지 할 수 없는 일을 말할 때 이 표현을 사용해 보세요.

그를 속이는 건 불가능해.

01 **It's impossible to fool him.**

그녀는 싫어할 수가 없어.

02 **It's impossible to hate her.**

이 차를 고치는 건 불가능해.

03 **It's impossible to repair this car.** ▶ repair 수리하다

이걸 하루 만에 하는 건 불가능해요.

04 **It's impossible to do this in one day.**

우리 상사는 도무지 이해할 수가 없어요.

05 **It's impossible to understand my boss.**

Speaking Tip

어떤 것이 불가능하다고 말할 때는 보통 이렇게 형용사 impossible을 쓰는데, 이것을 부사 형태인 impossibly(믿기 어려울 정도로, 말도 안 될 정도로)를 써서 말할 수도 있어요. He's impossibly handsome.(그는 말도 안 될 정도로 잘생겼어.)

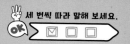
Pattern B

~하는 건 좋은 생각이야
It's a good idea to...

'아, 그거 괜찮은 생각이네.'라고 말하고 싶을 때 짧게 던질 수 있는 표현이 바로 It's a good idea.입니다. 여기에 to를 붙여서 '~하는 건 좋은 생각이야'라고 더 구체적으로 말하는 연습을 해 볼까요?

확인해 보는 건 좋은 생각이야.

[06] **It's a good idea to check.**

코트를 가져오는 건 좋은 생각이야.

[07] **It's a good idea to bring a coat.**

도움을 요청하는 건 좋은 생각이야.

[08] **It's a good idea to ask for help.**

티켓을 출력해 두는 건 좋은 생각이에요.

[09] **It's a good idea to print the tickets.**

다음 주까지 기다리는 건 좋은 생각이에요.

[10] **It's a good idea to wait until next week.**

Speaking Tip

좋아하는 음식이나 활동에 대해서 말할 때 is always a good idea라는 표현을 자주 씁니다. '항상 옳아', '언제 해도 정말 좋아'라는 의미예요. 만약 '아이스크림은 언제 먹어도 좋아.'라고 말하려면 Ice cream is always a good idea.라고 하면 됩니다.

다음을 영어로 말해 보세요. 5초 안에 말하면 성공!

01. 난 대학생이야. 🎤

02. 내 말이 맞았어. 🎤

03. 난 버스 탈 거야. 🎤

04. 오늘 차 안 쓸 거예요. 🎤

05. 당신은 천재예요. 🎤

06. 진심이야? 🎤

07. 갈 준비 됐어? 🎤

08. 밖에 나오니 좋네. 🎤

09. 일정을 바꾸기에는 너무 늦었어요. 🎤

10. 우리 상사는 도무지 이해할 수가 없어요. 🎤

정답

01. I'm a university student. 02. I was right. 03. I'm going to take the bus. 04. I'm not going to use the car today. 05. You're a genius. 06. Are you serious? 07. Are you ready to go? 08. It's good to be outside. 09. It's too late to change the schedule. 10. It's impossible to understand my boss.

Day 011~020

"이 과가 끝나면 여러분도
아래와 같은 말을 영어로 말할 수 있게 됩니다!"

Pattern A

~하는 건 안 좋은 생각이야
It's a bad idea to...

좋은 생각이 아니라고 하려면 It's not a good idea to...라고 하면 됩니다. 하지만 더 직접적으로 말하고 싶다면 bad idea를 써서 이렇게 말해 보세요.

혼자 가는 건 안 좋은 생각이야.

01 **It's a bad idea to go alone.**

이제 와서 포기하는 건 안 좋은 생각이야.

02 **It's a bad idea to give up now.** ▶ give up 포기하다

아침을 안 먹는 건 안 좋은 생각이야.

03 **It's a bad idea to skip breakfast.** ▶ skip 건너뛰다

헤어진 애인이랑 다시 만나는 건 안 좋은 생각이에요.

04 **It's a bad idea to get back with your ex.**
▶ ex 전 애인, 전남편, 전처

결혼식에 샌들을 신고 가는 건 안 좋은 생각이에요.

05 **It's a bad idea to wear sandals to a wedding.**

Speaking Tip

어떤 일을 저지르고 난 후에 '그렇게 해서는 안 되는 거였어.', '괜히 했어.'라고 후회할 때 과거형으로 It was a bad idea.라는 말을 자주 씁니다.

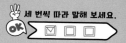

Pattern B

그거 ~야?

Is it...?

It is...(그건 ~야)에서 두 단어의 순서를 뒤집으면 질문이 됩니다. Is it...? 뒷부분에는 형용사와 명사가 모두 올 수 있어요. 어떤 물건을 보거나 어떤 사실을 듣고 확인하는 질문을 할 때 많이 쓰입니다.

그게 사실이야?

06 **Is it true?**

그건 유용한가요?

07 **Is it useful?**

(지금 울리고 있는 거) 네 전화야?

08 **Is it your phone?**

그거 기념품인가요?

09 **Is it a souvenir?** ▶ **souvenir** 기념품

그건 여기에서 흔한가요?

10 **Is it common here?** ▶ **common** 흔한

 Speaking Tip

Is와 it이 연음이 되면서 [이z잇]처럼 발음됩니다. 그런데 Is it a...?처럼 뒤에 a가 나오는 경우에는 [이z이러]와 같이 it의 t 발음이 부드러워집니다. 발음을 많이 연습해 보세요!

41

이건 ~야
This is...

가까이 있는 사물이나 사람을 가리키면서 '이것은/이 사람은 ~야'라고 알려주는 표현이에요. 또한 눈앞에 펼쳐진 상황에 대해 말할 때 우리말로는 꼭 '이거'라고 말하지 않지만, 주어가 필요한 영어에서는 그 상황을 this라고 받아서 말할 때가 많아요.

(이거) 이상하네.

01 **This is weird.**

이건 내가 새로 산 차야.

02 **This is my new car.**

나는 이번이 처음이야.

03 **This is my first time.**

이쪽은 제 동료 수잔이에요.

04 **This is my coworker Susan.** ▶ coworker 동료

이건 제가 생각했던 것보다 낫네요.

05 **This is better than I thought.**

Speaking Tip

this는 질문을 할 때도 활용하기 좋아요. '이 사람 누구예요?', '이 상품은 얼마예요?'처럼 우리말로는 '이' 뒤에 명사를 쓸 때가 많지만, 영어에서는 Who is this? 또는 How much is this?처럼 this만 써서 간단하게 표현할 수 있어요.

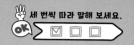
Pattern B

저건/그건 ~야
That's...

that을 우리말로 옮기면 '저것'과 '그것'이 혼용되어 헷갈리기 쉽지만, 기본적으로 that은 나보다 듣는 상대방에게 더 가까운 것, 두 사람 모두에게서 멀리 떨어져 있는 것, 상대방이 말하고 있는 내용 등을 가리킬 때 쓴다고 생각하면 됩니다.

저기는 내 방이야.

06 **That's my room.**

저건 내 친구의 가방이야.

07 **That's my friend's bag.**

그거 잘됐네.

08 **That's wonderful.**

그거 정말 이상하네요.

09 **That's really strange.**

그거 아주 좋은 질문이에요.

10 **That's a very good question.**

Speaking Tip

'그건'을 영어로 말할 때 입에서 자동으로 That's...가 나오는 건 좋지만, 영어에서는 '여러 개'를 가리킬 때 that을 those로 바꿔야 하는 번거로움이 있어요. 가방 여러 개를 가리킬 때는 Those are my bags.(그 것들은 제 가방이에요.)와 같이 말해야 해요.

43

Pattern A

이거 ~야?

Is this...?

This is...(이건 ~야)의 두 단어를 뒤집어서 질문으로 만든 형태예요. Is는 발음이 [이즈]인데, 끝의 [z] 발음이 this의 [th]와 섞이면 [th]가 약하게 발음되곤 합니다. 즉, Is this가 [izis]처럼 발음되는 경우가 많아요.

이거 중요한 거야?

[01] **Is this important?**

이거 정확한 거야?

[02] **Is this correct?**

이거 네 노트북이야?

[03] **Is this your laptop?** ▶ laptop 노트북

이거 장난이죠?

[04] **Is this a joke?**★

이건 내 컵인가요, 당신 컵인가요?

[05] **Is this my cup or your cup?**

Speaking Tip

Is this a joke?는 꼭 '농담'이나 '장난'뿐만 아니라, 현실 가능성 없는 상황이나 믿기 어려운 이야기를 가리키며 '에이, 아니겠지?' 같은 느낌으로 사용되는 표현이에요. 같은 뜻으로 Are you serious?라고 해도 됩니다.

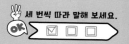
Pattern B

저거/그거 ~야?
Is that...?

That is...를 뒤집어서 만든 질문으로, 발음이 [이z앳]처럼 나는 경우가 많습니다. 나로부터 거리가 좀 떨어져 있거나 상대방에게 더 가까운 것, 상대방이 언급한 내용 등에 대해 물어볼 때 that을 써서 이렇게 물어보세요.

그거 안전해요?

[06] **Is that safe?**

그거 내 티셔츠야?

[07] **Is that my T-shirt?**

저거 새로 산 카메라야?

[08] **Is that a new camera?**

저기가 입구인가요?

[09] **Is that the entrance?** ▶ entrance 입구

그게 꼭 필요한 거예요?

[10] **Is that absolutely necessary?** ▶ absolutely 절대적으로, 틀림없이

Speaking Tip

> that은 말하는 사람을 기준으로 거리가 있는 것을 가리키기 때문에, 전화 통화를 하거나 뭔가에 가려서 잘 안 보이는 사람을 가리킬 때도 that을 사용합니다. 상대방의 목소리만 들리고 안 보이는 상황에서 '제임스, 너야?'라고 말하려면 that을 사용해서 James, is that you?라고 하면 됩니다.

그게 바로 ~야
That's what...

누군가가 한 말을 듣고, 또는 눈앞에 보이는 뭔가를 보고 '그게 바로 ~한 거야', '~한 것은 바로 그거야'라고 말할 때 쓰는 표현이에요. 다른 게 아니고 '바로 그것'이라고 강조하는 표현입니다. what 뒤에는 '주어＋동사' 형태를 붙이면 됩니다.

그게 **바로** 너한테 필요한 **거야.**

01 **That's what** you need.

내가 말하고 있는 게 **바로** 그거야.

02 **That's what** I'm talking about.⭐

그게 **바로** 우리가 해야 되는 **일이야.**

03 **That's what** we have to do.

바로 그게 저를 신경 쓰이게 해요.

04 **That's what** is bothering me. ▶ **bother** 신경 쓰이게 하다, 괴롭히다

바로 그게 그녀를 화나게 했어요.

05 **That's what** made her angry.

Speaking Tip

'내 말이 그 말이야.', '바로 그거라고.'라는 말을 자주 하는데 이때는 That's what I'm talking about. 이라고 하면 됩니다. 직역하면 '내가 말하고 있는 게 바로 그거야.'인데, 실제 느낌은 '바로 그거야.', '이제서야 제대로 됐네.'에 가까운 표현입니다.

Pattern B

~이 있어
There is...

원래 there는 '거기, 저기'라는 뜻이지만, There is... 형태로 쓰면 '(그곳에) ~가 있다'라는 뜻이 됩니다. 어떤 것이 '있다'는 걸 나타낼 때 흔히 쓰는 표현입니다. 단, '내가 갖고 있다'는 것을 명확하게 말할 때는 I have를 씁니다.

문제가 있어.

06 **There is a problem.**

희망이 있어.

07 **There is hope.**

요금이 있어.

08 **There is a fee.** ▶ **fee** 요금, 수수료

그곳에는 좋은 커피숍이 하나 있어.

09 **There is a nice coffee shop there.**

네 스웨터에 구멍이 났어.

10 **There is a hole in your sweater.**

Speaking Tip

기본적으로는 어떤 것이 '있다'라고 할 때 there is를 쓰지만, 어떤 물건을 건네거나 예시를 보여 주면서 '자, 여기에 ~가 있어' 또는 '자, 이건 ~야'라고 말할 때는 here를 쓸 수도 있어요. Here is an example.(예를 하나 보여 드리죠.)

47

Pattern A

~들이 있어
There are...

사물이나 사람이 하나 있을 때는 There is...를 쓰지만, 여럿 있을 때는 There are...를 씁니다. 이게 원칙이기는 하지만, 실제 대화에서는 There are를 써야 하는 곳에 There is를 쓰기도 합니다.

차 안에 애들이 있어.

01 **There are** children in the car.

여기는 가게가 많아.

02 **There are** a lot of shops here.★

이걸 믿는 사람들이 있어.

03 **There are** people who believe this.

우리가 의논해야 할 게 몇 가지 있어요.

04 **There are** some things that we need to discuss.

우리가 해결해야 할 문제들이 좀 있어요.

05 **There are** some problems that we need to solve.

Speaking Tip

There are는 연음이 되어 명확하게 두 단어로 들리지 않는 경우가 많아요. 특히 There are a lot of...
(많은 ~이 있다)는 많이 쓰이는 표현이므로 연음으로 부드럽게 발음할 수 있을 때까지 연습해 두세요.

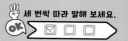
Pattern B

~가 있을 거야
There will be...

is와 are의 원형은 모두 be입니다. 그래서 미래에 '~가 있을 거야'라고 말할 때는 there 뒤에 미래 조동사 will을 쓰고, 그 뒤에 원형인 be를 써서 There will be...라고 하면 됩니다.

케이크가 있을 거야.

⁰⁶ **There will be** a cake.

공연들을 할 거야.

⁰⁷ **There will be** performances. ▶ performance 공연

안내가 있을 거예요.

⁰⁸ **There will be** an announcement.★ ▶ announcement 안내방송, 공고

자원봉사자들이 많이 있을 거예요.

⁰⁹ **There will be** a lot of volunteers. ▶ volunteer 자원봉사자

다음 달에 대회가 있을 거예요.

¹⁰ **There will be** a competition next month.
▶ competition 대회, 경쟁

There will be...를 이용하면 주어나 동사를 생략할 수 있어서 편리합니다. 만약 '안내가 있을 거예요.'를 They will...로 시작하면 뒤에 어떤 동사를 써야 할까요? make an announcement가 떠오르지 않을 때 There will be...가 더욱 편리해요.

Pattern A

~가 있어?
Is there...?

There is...(~이 있다) 표현을 뒤집어서 Is there...라고 하면 '~가 있어?'라는 뜻의 질문이 됩니다. 여기에 '혹시라도', '하나라도', '조금이라도'라는 뜻의 any를 넣어서 묻는 경우가 많습니다.

상품이 있어?

01 **Is there a prize?**

무슨 증거라도 있어?

02 **Is there any proof?**

예외가 있나요?

03 **Is there an exception?** ▶ exception 예외

뭐 다른 방법이 있나요?

04 **Is there any other way?**

여기 무슨 문제가 있나요?

05 **Is there a problem here?**

Speaking Tip

Is there를 빠르게 발음하다 보면 there의 th 발음이 약해질 때가 많습니다. 그래서 실제로 대화를 하다 보면 [iz 에어r] 처럼 발음되는 경우가 많으니 주의하세요.

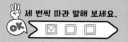
Pattern B

~들이 있어?
Are there...?

Is there...?와 마찬가지로 어떤 것이 있는지 여부를 묻는 표현인데, 그 대상이 여럿일 때 쓴다는 점이 다릅니다. 즉, 하나가 있는지 물을 때는 Is there...?, 여러 개가 있는지 물을 때는 Are there...?를 쓰면 됩니다.

거기에 사람들 많아?

06 **Are there** many people there?

의자 더 있어?

07 **Are there** more chairs?

이 건물에 엘리베이터가 있나요?

08 **Are there** elevators in this building?

그 호텔에 자판기가 있나요?

09 **Are there** vending machines at the hotel?
▶ **vending machine** 자판기

우리가 쓸 수 있는 컵이 더 있나요?

10 **Are there** more cups that we can use?

Speaking Tip

문법적으로는 한 개인지 여러 개인지에 따라서 Is there와 Are there를 구분해서 쓰는 것이 맞지만, 구어체에서는 뒤에 어떤 말을 할지 안 정하고 Is there...라고 했다가 복수 형태의 명사를 쓰는 경우도 흔합니다.

여기에 ~가 있어
Here is...

상대방에게 뭔가를 건네면서 '여기 ~가 있어'라고 말할 때 쓰는 패턴이에요. 여러 개를 건네면서 말할 때는 Here are...(여기 ~들이 있어)를 쓰면 됩니다.

여기 네 음료 있어.
[01] **Here is** your drink.

이거 내 전화번호야.
[02] **Here is** my number.

여기 제 명함이에요.
[03] **Here is** my business card. ▶ business card 명함

이게 좋은 예시예요.
[04] **Here is** a good example.★

여러분을 위해 몇 가지 팁을 드리죠.
[05] **Here are** a few tips for you.

Speaking Tip

Here is a good example.처럼 예를 들거나 어떤 제안을 할 때는 here가 '여기'라는 의미보다는 '이것' 이라는 의미로 사용된 거예요. '제가 이렇게 할게요.'는 Here is what I'll do.라고 하면 됩니다.

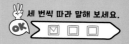
Pattern B

~인 것 같아
I think...

우리말로는 자신의 느낌이나 생각을 말할 때 '~인 것 같아요'라는 표현을 많이 쓰는데, 영어에서는 이럴 때 I think(난 ~라고 생각해)를 많이 씁니다. I think 뒤에 내가 생각하는 내용을 '주어+동사' 형태로 붙여 주면 됩니다.

그거 귀여운 것 같아.

06 **I think** it's cute.

너도 알 것 같아.

07 **I think** you know.

제가 할 수 있을 것 같아요.

08 **I think** I can do it.

그건 재미있는 것 같아.

09 **I think** it's interesting.

걔가 나를 정말 마음에 들어 하는 것 같아.

10 **I think** she really likes me.

Speaking Tip

I think는 자신이 생각하는 바를 말할 때 쓰지만, 정확하게 몰라서 '생각'이나 '추측'일 뿐이라고 할 때에도 자주 쓰입니다. 그래서 '확실해?'라는 질문에 대해 '그런 것 같아요'라고 약간 자신 없게 대답할 때는 I think... so...라고 표현할 수 있습니다.

~가 아닌 것 같아
I don't think...

'~가 아닌 것 같다'를 영어로 말할 때 'I think+부정문'보다는 'I don't think+긍정문' 형태가 더 자연스럽습니다. 예를 들어 '난 그거 못할 것 같아.'는 I think I can't do that.보다 I don't think I can do that.이라고 말합니다.

아닌 것 같은데.

01 **I don't think so.**★

난 그거 못할 것 같아.

02 **I don't think I can do that.**

너 그거 사면 안 될 것 같아.

03 **I don't think you should buy it.**

이해를 못하시는 것 같군요.

04 **I don't think you understand.**

그건 그녀가 아닌 것 같아요.

05 **I don't think that's her.**

Speaking Tip

'아닌 것 같은데'라는 뜻의 I don't think so.는 문맥과 상황에 따라서 '그렇게는 안 돼.'라는 뜻으로 쓰일 수도 있습니다. 누가 허락을 구했는데 허락하지 않을 때 이 표현을 써 보세요.

Pattern B

그게 ~인 줄 알았어
I thought it was...

뭔가를 잘못 알았을 때 쓰기 좋은 표현입니다. think의 과거형인 thought을 써서 이렇게 말하면 '~인 줄 알았는데 아니었네' 또는 '~할 줄 알았는데 아니네'라는 의미가 됩니다.

그게 내 건 줄 알았어.

06 **I thought it was mine.**

그게 가짜인 줄 알았어.

07 **I thought it was fake.** ▶ fake 가짜, 모조품

그게 내일인 줄 알았어.

08 **I thought it was tomorrow.**

그건 그냥 농담인 줄 알았어요.

09 **I thought it was just a joke.**

제 차례인 줄 알았어요.

10 **I thought it was my turn.** ▶ turn 차례, 순번

Speaking Tip

우리말의 '~인 줄 알았어'는 억양에 따라 뜻이 달라지죠. '~인 줄 알고 있었다(내 예상이 맞았다)'라는 뜻으로 쓰일 때도 있고 '~인 줄 알았는데 아니었다'라는 뜻으로 쓰일 때도 있어요. 위 영어 표현은 후자인 '~인 줄 알았는데 아니었다'라는 뜻으로만 쓰입니다.

Pattern A

네가 ~할 줄 알았어
I thought you would...

상대방이 어떻게 할 거라고 예상했는데 알고 보니 그렇지 않았을 때 이 표현을 쓸 수 있어요. 만약 '그럴 줄 알았는데 실제로 그랬다'라고 말하려면 I knew(알고 있었어)를 쓰면 됩니다.

네가 화낼 줄 알았어.

01 **I thought you would get mad.**

네가 안 된다고 할 줄 알았어.

02 **I thought you would say no.**

네가 답을 알 줄 알았어.

03 **I thought you would know the answer.**

당신이 그 아이디어를 마음에 들어 할 줄 알았어요.

04 **I thought you would like the idea.**

당신이 내 편일 줄 알았어요.

05 **I thought you would be on my side.**

Speaking Tip

'~일 줄 알았는데' 막상 보니 아니어서 의외라는 뜻으로 쓰는 표현이에요. '~라고 어느 정도 예상은 했어'라고 말하고 싶을 때는 figure(생각하다, 판단하다)를 씁니다. I figured you would like it.(네가 좋아할 거라고 생각했어.)

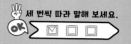
Pattern B

~에 대해 생각중이야

I'm thinking about...

지금 머릿속으로 생각하고 있는 내용을 말할 때도 쓸 수 있고, '~할까 생각중이야'처럼 뭔가를 할지 말지 고려 중이거나 계획 중일 때도 쓸 수 있어요. 전치사 about 뒤에는 명사나 동명사(동사+-ing)를 연결해 주세요.

난 미래에 대해서 생각하고 있어.

[06] **I'm thinking about** the future.

난 우리 가족에 대해서 생각하고 있어.

[07] **I'm thinking about** my family.

TV를 새로 살까 생각중이야.

[08] **I'm thinking about** getting a new TV.

일을 그만둘까 생각중이에요.

[09] **I'm thinking about** quitting.

저는 휴가를 갈까 생각중이에요.

[10] **I'm thinking about** taking a vacation.

Speaking Tip

I'm thinking about...은 지금 현재에 대해서 이야기하는 표현인데, '최근에 ~에 대해서 생각해 왔다'라고 말하려면 현재완료형을 써서 I've been thinking about... lately라고 하면 됩니다.

~일까?
Do you think...?

직역하면 '넌 ~라고 생각해?'인데, 상대방의 의견을 물을 때 '~일까?'라는 의미로 자주 쓰이는 패턴이에요. 뭔가에 대해서 동의를 구할 때나 확인을 받고 싶을 때 활용해 보세요.

내일 비가 올까?

01 **Do you think it will rain tomorrow?**

그녀가 알고 있을까?

02 **Do you think she knows?**

우리 이거 사야 할까?

03 **Do you think we should buy this?**

이게 좋은 생각일까요?

04 **Do you think this is a good idea?**

제가 실수한 걸까요?

05 **Do you think I made a mistake?**

Speaking Tip

'~라고 생각해?' 또는 '~인 것 같아?'라고 물을 때는 Do you think 뒤에 내용을 붙여 물어보면 되는데, 단순히 '안 그래?', '그렇지 않니?'라고 물을 때는 간단히 Don't you think?만 써도 됩니다.

Pattern B

~에 대해서 어떻게 생각해?
What do you think about...?

일반적으로 영어로 '어떻게'는 how가 맞지만, 생각이나 의견을 물을 때에는 what으로 묻습니다. 생각의 내용이 '무엇인지' 묻는다고 생각하면 쉽게 기억할 수 있을 거예요.

그 영화에 대해서 어떻게 생각해?

06 **What do you think about the movie?**

이 식당에 대해서 어떻게 생각해?

07 **What do you think about this restaurant?**

내 새로운 헤어스타일 어때?

08 **What do you think about my new hairstyle?**

돈을 빌리는 것에 대해서 어떻게 생각하세요?

09 **What do you think about borrowing money?**

가격을 낮추는 것에 대해서 어떻게 생각하세요?

10 **What do you think about lowering the price?**
▶ **lower** 낮추다, 내리다

Speaking Tip

새로 산 옷이나 새로 한 헤어스타일 등을 보여 주며 '어떤 것 같아?'라고 물을 때는 how와 like를 함께 써서 How do you like my new hairstyle?처럼 묻기도 합니다.

Let's Try!

다음을 영어로 말해 보세요. 5초 안에 말하면 성공!

01. 혼자 가는 건 안 좋은 생각이야. 🎤

---

02. 이건 제가 생각했던 것보다 낫네요. 🎤

---

03. 저기가 입구인가요? 🎤

---

04. 네 스웨터에 구멍이 났어. 🎤

---

05. 다음 달에 대회가 있을 거예요. 🎤

---

06. 뭐 다른 방법이 있나요? 🎤

---

07. 여기 제 명함이에요. 🎤

---

08. 그게 내 건 줄 알았어. 🎤

---

09. TV를 새로 살까 생각중이야. 🎤

---

10. 내 새로운 헤어스타일 어때? 🎤

정답

01. It's a bad idea to go alone. 02. This is better than I thought. 03. Is that the entrance? 04. There is a hole in your sweater.
05. There will be a competition next month. 06. Is there any other way? 07. Here is my business card. 08. I thought it was mine. 09. I'm thinking about getting a new TV. 10. What do you think about my new hairstyle?

"이 과가 끝나면 여러분도
아래와 같은 말을 영어로 말할 수 있게 됩니다! "

01. 조언 고마워.

02. 도와줘서 감사해요.

03. 당신에게 뭐 좀 물어보고 싶어요.

04. 그 얘기는 하고 싶지 않아.

05. 넌 모르는 게 좋을 거야.

06. 내가 운전할까?

07. 난 비 오는 게 좋아.

08. 난 사람 많은 게 싫어.

09. 네가 솔직하게 말해 줬으면 좋겠어.

10. 긴장돼.

Pattern A

~해 줘서 고마워
Thank you for...

고맙다고 할 때 단순히 Thank you.로 문장을 끝내지 않고, 어떤 것에 대해서 감사한지 표현하고 싶을 때는 뒤에 for를 붙여 보세요. for 뒤에는 명사나 동명사를 쓰면 됩니다.

선물 고마워.

01 Thank you for the gift.

조언 고마워.

02 Thank you for the advice.

들러 줘서 고마워.

03 Thank you for stopping by. ▶ stop by 잠시 들르다

저한테 이렇게 해 주셔서 고마워요.

04 Thank you for doing this for me.

저한테 솔직하게 말해 줘서 고마워요.

05 Thank you for being honest with me.

Speaking Tip

Thank you for... 대신에 Thanks for...를 써도 똑같은 뜻이 됩니다. 단, '아주 많이'라는 의미를 덧붙일 때 thank you 뒤에는 very much를 자주 쓰고, thanks 뒤에는 a lot을 자주 씁니다.

Pattern B

~ 덕분에
# Thanks to...

Thanks. 자체는 Thank you.와 같은 뜻이지만, thanks 뒤에 to를 붙이면 '~ 덕분에'라는 뜻이 됩니다.
thanks to 뒤에 신세를 진 사람이나 물건 등 명사를 붙여서 말해 보세요.

네 **덕분에** 우리가 제시간에 도착했어.

[06] **Thanks to** you, we arrived on time.

그녀 **덕분에** 아주 즐거운 시간을 보냈어.

[07] **Thanks to** her, I had an amazing time.

네 **덕분에** 내 지갑을 찾았어.

[08] I found my wallet **thanks to** you.

당신 도움 **덕분에** 우리가 그것을 일찍 끝냈어요.

[09] **Thanks to** your help, we finished it early.

모두 열심히 한 **덕분에** 우리가 대회에서 우승했어요.

[10] We won the contest **thanks to** everybody's hard work.

Speaking Tip

thanks to...는 '~ 덕분에'라는 뜻이므로 비꼬아 말할 때를 제외하고는 거의 항상 긍정적으로 쓰입니다. 만약 '~ 탓'이라고 부정적으로 말할 때는 because of...를 써야 합니다.

하루 10문장 입에 붙이기

~를 감사하게 생각해요
I appreciate...

appreciate은 '감사하고 소중하게 여긴다'라는 뜻이에요. '~에 대해서 고맙게 생각한다'고 말할 때 Thank you for...를 쓸 수도 있지만, I appreciate...을 이용하면 좀 더 격식을 갖춰 말할 수 있습니다.

도와줘서 감사해요.

01 **I appreciate** your help.

시간 내 주셔서 감사해요.

02 **I appreciate** your time.

당신의 솔직함을 감사하게 생각해요.

03 **I appreciate** your honesty.   ▶ honesty 정직, 솔직함

애써 주셔서 감사해요.

04 **I appreciate** the effort.   ▶ effort 수고, 노력

저는 제 동료들이 있어서 감사하게 생각해요.

05 **I appreciate** my coworkers.   ▶ coworker 동료

Speaking Tip

뭔가를 부탁하면서 미리 감사 인사를 할 때도 appreciate이 자주 쓰여요. 부탁의 말을 한 뒤에, 또는 상대가 호의를 베풀겠다고 할 때 I'd appreciate it.이라고 하면 '그렇게 해 주시면 감사하겠습니다.'라는 뜻이 됩니다.

Pattern B

~해서 미안해
Sorry for...

사과할 때 가장 많이 쓰는 표현입니다. 원래는 I'm sorry for...인데, I'm을 생략하고 Sorry for...라고 쓰는 경우가 많아요. for 뒤에는 명사를 바로 써도 되고, 동사를 쓸 경우에는 -ing를 붙여 줍니다.

지연되어서 **죄송합니다.**

06 **Sorry for the delay.** ▶ **delay** 지연, 지체

헷갈리게 해서 **미안해.**

07 **Sorry for the confusion.** ▶ **confusion** 혼란, 혼동

감정 상하게 해서 **미안해.**

08 **Sorry for hurting your feelings.**

결혼식에 못 가서 **미안해.**

09 **Sorry for missing your wedding.**

제 친구가 그런 행동을 해서 **죄송해요.**

10 **Sorry for my friend's behavior.** ▶ **behavior** 행동

Speaking Tip

'~해서 미안하다'고 할 때는 Sorry for...가 주로 쓰이는데, '그때 그 일에 관해서는 미안하게 됐어'처럼 말할 때에는 sorry 뒤에 about을 쓰면 됩니다. '어제 일에 대해서는 미안해.'는 Sorry about yesterday. 라고 하면 됩니다.

Pattern A

~해서 죄송해요
I apologize for...

sorry보다 조금 더 격식을 갖춘 표현이 apologize(사과하다)입니다. apologize는 기업이나 기관에서 공식 사과문을 올릴 때 많이 쓰지만, 개인적으로 사과할 때도 진지하게 말하고 싶은 경우에 쓸 수 있어요.

늦어서 **죄송해요.**

01 **I apologize for** being late.

놀라게 해서 **죄송해요.**

02 **I apologize for** scaring you. ▶ **scare** 겁주다, 놀라게 하다

실수를 해서 **죄송해요.**

03 **I apologize for** the mistake.

시끄럽게 해서 **죄송해요.**

04 **I apologize for** the noise.

미리 알리지 못해서 **죄송해요.**

05 **I apologize for** not telling you in advance.
▶ **in advance** 미리, 사전에

Speaking Tip

sorry는 형용사지만 apologize는 '사과하다'라는 동사라서 성격이 조금 다릅니다. 그래서 '사과해.'라고 명령문으로 말할 때에는 Apologize.라고 합니다. 만약 sorry를 쓰고 싶다면 Say sorry.라고 해야 합니다.

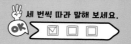
Pattern B

난 ~하고 싶어
I want to...

want는 '원하다'라는 뜻으로, 뒤에 to와 함께 다른 동사를 붙여 주면 '~하고 싶어'라는 뜻이 됩니다. 사고 싶은 것, 가고 싶은 곳, 먹고 싶은 것, 하고 싶은 것 등 다양하게 넣어서 연습해 보세요. 회화에서는 줄여서 wanna(워너)로 발음할 때가 많아요.

고양이를 키우고 싶어.

06 **I want to get a cat.**

여행가고 싶어.

07 **I want to go on a trip.**

친구들이랑 놀고 싶어.

08 **I want to hang out with my friends.** ▶ hang out with ~와 어울려 놀다

당신에게 뭐 좀 물어보고 싶어요.

09 **I want to ask you something.**

저는 새로운 취미를 시작하고 싶어요.

10 **I want to start a new hobby.**

Speaking Tip

원래는 I want to 뒤에 동사를 붙여서 사용하지만, 앞에서 뭘 하고 싶은 건지 이미 언급되었다면 간단히 I want to.(그렇게 하고 싶어.)처럼 동사 없이 말할 수도 있습니다.

난 ~하고 싶지 않아
I don't want to...

want to 앞에 don't을 붙이면 '~하고 싶지 않아' 또는 '~하기 싫어'라는 뜻이 됩니다. 어떤 걸 하는 건지 앞에서 언급이 되었다면 간단히 I don't want to.(하기 싫어.)라고만 해도 뜻이 전달됩니다.

시간 낭비하고 싶지 않아.

[01] **I don't want to waste time.**

그 얘기는 하고 싶지 않아.

[02] **I don't want to talk about it.**

혼나고 싶지 않아.

[03] **I don't want to get in trouble.** ▶ **get in trouble** 곤란에 처하다, 혼나다

그 사람이랑 다시 마주치고 싶지 않아요.

[04] **I don't want to run into him again.** ▶ **run into** 우연히 마주치다

그런 것에 돈 쓰고 싶지 않아요.

[05] **I don't want to spend money on something like that.**

Speaking Tip

구어체에서는 don't의 마지막 t 발음과 want to의 t 발음이 빠르게 발음되면서 부드럽게 변해 I don wanna처럼 들리는 경우가 많습니다.

Pattern B

난 ~하고 싶지 않았어
I didn't want to...

지금 뭔가를 하고 싶지 않다면 I don't want to...를 쓰고, 과거에 '~하고 싶지 않았어'라고 하려면 don't을 didn't로 바꿔서 쓰면 됩니다. 어떤 행동을 왜 안 했는지 설명하거나 해명할 때 자주 쓰는 패턴입니다.

방해하고 싶지 않았어.

[06] **I didn't want to interrupt.** ▶ interrupt 방해하다

바보처럼 보이고 싶지 않았어.

[07] **I didn't want to look stupid.**

그녀의 기분을 상하게 하고 싶지 않았어.

[08] **I didn't want to hurt her feelings.**

거기까지 운전해서 가고 싶지 않았어요.

[09] **I didn't want to drive all the way there.** ▶ all the way 내내

친구들한테 돈을 빌리고 싶지 않았어요.

[10] **I didn't want to borrow money from my friends.**

Speaking Tip

'왜 그런 거야?' 같은 질문에 '~하고 싶지 않았기 때문이야'라고 답하고 싶을 때는 because를 붙여서 Because I didn't want to...라고 표현할 수 있습니다.

Pattern A

넌 ~하지 않는 게 좋을 거야
You don't want to...

직역하면 '넌 ~하고 싶지 않아'인데, 이게 도대체 무슨 뜻일까요? 상대방이 어떤 행동을 하면 좋지 않은 결과가 있을 테니 '안 하는 게 좋을 거다'라는 뜻으로 쓰이는 표현이에요. 주의를 주거나 경고할 때 사용해 보세요.

그거 안 먹는 게 좋을 거야.

01 **You don't want to eat that.**

그거 손대지 않는 게 좋을 거야.

02 **You don't want to touch that.**

넌 모르는 게 좋을 거야.

03 **You don't want to know.**

이거 잃어버리지 않는 게 좋을 거예요.

04 **You don't want to lose this.**

이런 기회는 놓치지 않는 게 좋을 거예요.

05 **You don't want to miss this kind of opportunity.**
▶ **opportunity** 기회

Speaking Tip

You don't want to...에 물음표만 붙이면 '~하고 싶지 않아?'라는 뜻의 질문이 됩니다. You don't want to drink coffee now?(지금 커피 마시고 싶지 않니?)처럼 말이지요.

~할래?
Do you want to...?

'너 ~하고 싶어?' 또는 '너 ~할래?' 하면서 상대방에게 뭔가를 제안할 때 정말 많이 쓰이는 표현입니다. 가벼운 부탁을 할 때나 뭔가를 같이 하자고 할 때도 활용해 보세요.

나랑 같이 갈래?

06 **Do you want to** come with me?

내가 새로 이사 간 집 구경할래?

07 **Do you want to** see my new place?

이번 주말에 만나서 놀래?

08 **Do you want to** hang out this weekend?

잠깐 앉을래요?

09 **Do you want to** sit down for a second?
▶ **for a second** 잠깐

그 일에 대해서 좀 더 이야기해 줄래요?

10 **Do you want to** tell me more about it?

Speaking Tip

앞에 나오는 Do you를 생략하고 Want to come with me?처럼 짧게 줄여서 말할 수도 있습니다. 발음을 빠르게 하는 경우에는 Wanna come with me?처럼 들립니다.

하루 10문장 입에 붙이기

Pattern A

내가 ~할까?
Do you want me to...?

Do you want to...?는 '너 ~할래?'라는 뜻이지만, want와 to 사이에 me를 넣어서 이렇게 물어보면 '넌 내가 ~하기를 원해?'라는 뜻이 돼요. 즉, '내가 ~할까?'라는 뜻으로, 내가 뭔가를 할지 상대방의 의향을 물을 때 쓰기 좋은 패턴이에요.

내가 운전할까?

01 **Do you want me to drive?**

내가 확인해 볼까?

02 **Do you want me to check?**

내가 그 사람한테 물어볼까?

03 **Do you want me to ask him?**

나머지는 제가 할까요?

04 **Do you want me to do the rest?**

제가 사진 찍어 드릴까요?

05 **Do you want me to take a picture of you?**

Speaking Tip

'내가 어떻게 하면 좋겠어?'라고 묻고 싶다면 앞에 의문사 what을 넣어서 What do you want me to do?라고 하면 됩니다. 억양에 따라서 따지는 것처럼 들릴 수 있으므로 주의하세요.

Pattern B

난 ~를 좋아해
I like...

like는 '좋아하다'라는 뜻이에요. 평소에 좋아하는 것을 말할 때 I like... 뒤에 명사나 동명사, to부정사를 써서 표현하면 됩니다. 처음 보는 사람이나 물건이 마음에 들 때도 I like...를 쓸 수 있어요.

난 그림 그리는 걸 **좋아해.**

06 **I like** drawing.

난 음악 듣는 걸 **좋아해.**

07 **I like** listening to music.

그 셔츠 마음에 **든다.**

08 **I like** that shirt.

저는 제 일을 **좋아해요.**

09 **I like** my job.

저는 주말에 늦잠 자는 걸 **좋아해요.**

10 **I like** to sleep in on the weekends. ▶ **sleep in** 늦잠을 자다

I like와 I'd like는 발음은 비슷하지만 의미가 많이 다릅니다. I like는 좋아하거나 마음에 든다는 뜻이고, I'd like는 직역하면 '그렇게 된다면 좋겠다'라는 뜻으로 어떤 것을 '원한다'는 의미입니다.

73

Pattern A

~를 좋아해?

Do you like...?

상대방이 좋아하는 것에 대해서 물을 때 정말 많이 쓰는 표현입니다. 음식이나 취미 등에 대한 기호를 물을 때도 쓰고, 어떤 것이 마음에 드는지 물을 때도 쓸 수 있어요.

매운 음식 좋아해?

01 Do you like spicy food?

서점 가는 거 좋아해?

02 Do you like going to the bookstore?

그룹으로 운동하는 거 좋아하세요?

03 Do you like to exercise in a group?

제 아이디어가 마음에 들어요?

04 Do you like my idea?★

새로 산 내 모자 마음에 들어?

05 Do you like my new hat?

Speaking Tip

이 패턴은 좋아하는 것을 물을 때도 쓰지만, 어떤 것을 처음 보고 그게 '마음에 드는지' 물을 때도 쓸 수 있습니다. '마음에 들어요?', '좋은 것 같아요?', '어때요?'라고 물을 때 자주 써 보세요.

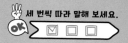

Pattern B

난 ~하는 게 좋아
I like it when...

'난 ~할 때가 좋더라'라는 뜻으로 쓸 수 있는 패턴입니다. 평소에 좋아하는 상황을 묘사할 때 자주 쓰이는데, it을 빼고 I like when...으로 쓰기도 합니다.

난 비 오는 게 좋아.

06 **I like it when it rains.**

난 그녀가 미소 짓는 게 좋아.

07 **I like it when she smiles.**

난 네가 옷을 그렇게 입는 게 좋아.

08 **I like it when you dress like that.**

저는 차가 안 막히는 게 좋아요.

09 **I like it when there's no traffic.**

저는 상사가 부재중인 게 좋아요.

10 **I like it when my boss is out of the office.**

Speaking Tip

like보다 더 강한 감정을 전달하려면 love를 쓸 수도 있습니다. I love it when she smiles.처럼요. 또는 really, absolutely 등의 부사를 넣어서 강조할 수도 있어요. I really like it when she smiles.

75

하루 10문장 입에 붙이기

Pattern A

난 ~하는 게 싫어
I don't like it when...

I like it when...과 반대로 '난 이런 상황이 참 싫더라'라고 말할 때는 don't을 넣어서 이렇게 말하면 됩니다.
처음 겪는 상황보다는 평소에 종종 겪는 상황에 대해서 쓰는 표현이에요.

난 사람 많은 게 싫어.

01 **I don't like it when it's crowded.** ▶ **crowded** 붐비는, 복잡한

난 네가 그러는 게 싫어.

02 **I don't like it when you do that.**

난 저 노래가 나오는 게 싫어.

03 **I don't like it when they play that song.**

저는 사람들이 무례한 게 싫어요.

04 **I don't like it when people are rude.** ▶ **rude** 무례한

저는 차를 먼 곳에 대야 하는 게 싫어요.

05 **I don't like it when I have to park far away.**

Speaking Tip

I don't like...로 시작하는 말을 할 때, '별로'라는 의미를 넣고 싶을 때는 really를 넣어서 I don't really
like...라고 하면 됩니다. I don't really like it when you do that. (난 네가 그러는 게 별로 좋지
않아.)

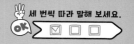
난 ~하고 싶어
I'd like to...

I'd는 I would의 줄임말이에요. would는 가정을 하면서 '(~한다면) ~하겠다'라는 뜻으로 자주 쓰입니다. 따라서 I'd like to...는 '~한다면 좋겠다', 즉 '~하고 싶다'라는 의미가 됩니다.

그분을 만나고 싶어.

`06` **I'd like to** meet him.

300명을 초대하고 싶어요.

`07` **I'd like to** invite 300 people.

주문을 취소하고 싶어요.

`08` **I'd like to** cancel my order. ▶ cancel 취소하다

방을 예약하고 싶어요.

`09` **I'd like to** book a room. ▶ book 예약하다

그걸 어떻게 하는지 배우고 싶어요.

`10` **I'd like to** learn how to do that.

I'd like to는 I want to에 비해 격식을 갖춘 표현이에요. 식당에서 주문을 하는 등 격식을 갖춘 요청을 할 때 자주 쓰입니다. 가까운 사람에게 원하는 것을 말할 때는 I want to...가 더 자주 쓰입니다.

하루 10문장 입에 붙이기

난 정말 ~하고 싶어
I'd love to...

I'd like to...보다 하고 싶은 마음을 더 강조한 표현입니다. 뭔가를 몹시 하고 싶다면 like 대신 love를 써서 I'd love to...라고 말해 보세요.

난 너를 정말 돕고 싶어.

01 **I'd love to** help you.

난 기타를 정말 배우고 싶어.

02 **I'd love to** learn the guitar.

난 친구들이랑 정말 해외 여행을 가고 싶어.

03 **I'd love to** travel overseas with my friends. ▶ **overseas** 해외로

저만의 커피숍이 있으면 정말 좋겠어요.

04 **I'd love to** have my own coffee shop.

정말 참석하고 싶은데 그날 바빠요.

05 **I'd love to** attend, but I'm busy that day.

Speaking Tip

'~할래요?', '~해 줄 수 있어요?'와 같은 질문을 들었을 때 '물론이죠.'라고 말하거나 '기꺼이 그렇게 하겠어요.'라고 말할 때는 간단히 I'd love to.라고 답하면 됩니다.

Pattern B

네가 ~해 줬으면 좋겠어
I'd like you to...

I'd like to...는 내가 하고 싶은 것을 말하는 표현인 반면, I'd like you to...는 '네가 ~해 주면 좋겠어'라는 뜻이에요. 물론 you 대신 다른 사람을 넣어서 문장을 만들 수도 있어요.

네가 이걸 가졌으면 좋겠어.

[06] **I'd like you to have this.**

네가 솔직하게 말해 줬으면 좋겠어.

[07] **I'd like you to be honest.**

네가 그 사람에게 전화해 줬으면 좋겠어.

[08] **I'd like you to call him.**

당신이 저의 이 프로젝트를 도와주면 좋겠어요.

[09] **I'd like you to help me with this project.**

당신이 그를 공항까지 차로 데려다주면 좋겠어요.

[10] **I'd like you to drive him to the airport.** ▶ drive 태워 주다

Speaking Tip

위 패턴은 I want you to...에 비해 더 부드럽게 요청하는 느낌을 줍니다. I'd like you to... 또는 I want you to...라고 말하는 게 부담스럽다면 간단하게 'Please+동사'를 써서 말해도 됩니다.

Pattern A

난 ~한 기분이야
I feel...

자신의 기분이나 컨디션을 묘사하고 싶을 때는 간단하게 I feel 다음에 형용사를 붙여서 말하면 됩니다. 어떤 것에 대한 기분인지 밝힐 때는 'I feel (기분) about (대상)'의 형태로 말하세요.

기분이 아주 좋아.

01 **I feel** great.

긴장돼.

02 **I feel** nervous.

자신 있어.

03 **I feel** confident. ▶ **confident** 자신감 있는

어제 일에 대해서 **마음이** 안 좋아요.

04 **I feel** bad about yesterday.

저는 항상 피곤해요.

05 **I feel** tired all the time.

I feel 뒤에 이렇게 형용사를 넣어서 '~한 기분이다'라고 말할 수도 있지만, I think와 비슷한 의미로 '~인 것 같다'라고 말할 때는 'I feel like+주어+동사'를 쓸 수 있습니다. I feel like she doesn't like me.(그녀가 나를 안 좋아하는 것 같아.)

Pattern B

난 ~하고 싶은 기분이야
I feel like -ing

기본적으로 feel은 어떤 느낌이 든다는 뜻인데, 뒤에 '~처럼'을 뜻하는 like와 동명사를 붙이면 '~하고 싶은 기분이다'라는 뜻이 됩니다. 계획에는 없었지만 뭔가 구미가 당길 때 쓸 수 있는 표현입니다.

춤 추고 싶은 기분이야.

06 **I feel like** dancing.

오늘은 쇼핑하고 싶은 기분이야.

07 **I feel like** shopping today.

오늘은 그냥 집에 있고 싶은 기분이야.

08 **I feel like** just staying at home today.

가구 배치를 바꾸고 싶은 기분이 들어요.

09 **I feel like** rearranging the furniture.   ▶ rearrange 재배치하다

전에 안 가 본 곳에 가고 싶어요.

10 **I feel like** going somewhere I've never been before.

Speaking Tip

> I feel like 뒤에 동명사 대신 명사를 붙이면 '~가 된 것 같은 기분이 든다' 또는 '~를 먹고 싶다'라는 뜻이 됩니다. I feel like a celebrity.(유명인사가 된 것 같은 기분이야.) I feel like ice cream.(아이스크림을 먹고 싶어.)

다음을 영어로 말해 보세요. 5초 안에 말하면 성공!

01. 조언 고마워.

02. 도와줘서 감사해요.

03. 당신에게 뭐 좀 물어보고 싶어요.

04. 그 얘기는 하고 싶지 않아.

05. 넌 모르는 게 좋을 거야.

06. 내가 운전할까?

07. 난 비 오는 게 좋아.

08. 난 사람 많은 게 싫어.

09. 네가 솔직하게 말해 줬으면 좋겠어.

10. 긴장돼.

정답

01. Thank you for the advice. 02. I appreciate your help. 03. I want to ask you something. 04. I don't want to talk about it.
05. You don't want to know. 06. Do you want me to drive? 07. I like it when it rains. 08. I don't like it when it's crowded. 09. I'd
like you to be honest. 10. I feel nervous.

Day 031~040

"이 과가 끝나면 여러분도
아래와 같은 말을 영어로 말할 수 있게 됩니다! "

Pattern A

난 ~할 기분이 아니야
I don't feel like -ing

I feel like -ing 하면 뭔가를 하고 싶은 기분이라는 뜻이었죠? 여기에 don't을 붙여 부정문으로 바꾸면 '지금 그럴 기분이 아니다'라는 표현이 만들어집니다. 하고 싶지 않은 일에 대해 이야기할 때 이 패턴을 써 보세요.

지금은 먹고 싶은 기분이 아니야.

01 I don't feel like eating now.

자고 싶지 않아.

02 I don't feel like sleeping.

지금 짐 싸고 싶지 않아.

03 I don't feel like packing now. ▶ pack (짐을) 싸다

그것에 대해서 의논할 기분이 아니에요.

04 I don't feel like discussing it.

오늘은 누구도 만나고 싶은 기분이 아니에요.

05 I don't feel like meeting anyone today.

Speaking Tip

really를 추가해서 '별로'라는 의미를 넣어 I don't really feel like -ing(별로 ~하고 싶은 기분이 아니야)라고 말할 수도 있어요. 좀 더 직접적으로 '~를 안 하고 싶어'라고 하려면 I don't want to...라고 하면 됩니다.

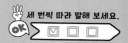

그건 ~한 기분이 들어
It feels...

내가 어떤 기분이나 느낌이 든다고 할 때는 I feel...이라고 하고, 어떤 상황이 '~하게 느껴진다'라고 할 때는 It feels...를 씁니다. 상황을 It으로 받아서 문장을 시작해 보세요.

이거 기분이 이상해.

06 **It feels weird.** ▶ **weird** 이상한, 기이한

이거 창피한데.

07 **It feels embarrassing.** ▶ **embarrassing** 창피한, 난처한

이거 정말 불공평하게 느껴져요.

08 **It feels really unfair.** ▶ **unfair** 불공평한

아침에 스트레칭을 하면 기분이 좋아.

09 **It feels good to stretch in the morning.**★

기분이 이상하기도 하면서 동시에 좋기도 하네요.

10 **It feels strange and great at the same time.**

Speaking Tip

It feels good to... 형태로 쓰면 '~하니 좋네'라는 뜻이 됩니다. to 뒤에는 동사원형을 붙이면 돼요. It feels good to be back.(돌아오니 좋네.)

하루 10문장 입에 붙이기

Pattern A

~ 같은 기분이야
# It feels like...

It feels 뒤에는 형용사를 쓰지만 It feels like 뒤에는 명사나 '주어+동사'를 쓸 수 있습니다. 상황이 '~ 같은 기분이야'라고 말할 때 like(~같은/처럼)를 이용해서 다채롭게 말해 보세요.

마치 꿈인 것 같아.

[01] **It feels like a dream.**

그건 위협처럼 느껴져.

[02] **It feels like a threat.** ▶ **threat** 위협

다시 옛날로 돌아간 기분이야.

[03] **It feels like old times again.**

발목을 삔 것 같아요.

[04] **It feels like I sprained my ankle.** ▶ **sprain** (발목 등을) 삐다

그가 사실대로 말하고 있지 않다는 느낌이 들어.

[05] **It feels like he is not telling the truth.**

Speaking Tip

'~인 것 같다'라고 말할 때 기분에 초점을 두려면 'It feels like+주어+동사' 형태로 말하고, 정황상 어때 보인다고 말하려면 feel 대신 seem을 써서 It seems like...로 말해요.

난 ~가 있어

I have...

have는 '가지고 있다'라는 뜻의 동사로, 영어에서 쓰임새가 정말 많습니다. 단순하게 'I have+명사'의 형태로 쓰면 '(명사)가 있다'는 뜻이고, 'I have+명사+to+동사'의 형태로 쓰면 '~할 ~가 있어'라는 뜻이 됩니다.

난 시간 있어.

06 **I have time.**

나한테 좋은 생각이 있어.

07 **I have a good idea.**

나한테 그 애의 전화번호가 있어.

08 **I have her number.**

저는 할 일이 있어요.

09 **I have something to do.**

저는 당신에게 물어볼 게 있어요.

10 **I have something to ask you.**

Speaking Tip

'가지고 있다'고 말할 때, 구어체에서는 I have 대신 I have got(직역하면 '나는 ~를 얻은 상태다')도 많이 씁니다. I've got이라고 줄여 쓰는 경우가 많고, have를 생략해서 I got이라고 말하는 경우도 있습니다.

Pattern A

넌 ~가 있어
You have...

이 패턴은 '넌 ~를 갖고 있구나'라는 뜻이 될 수도 있고, '너에게는 ~가 있어'라고 상대방이 모르는 걸 알려주는 의미가 될 수도 있습니다.

넌 재능이 많구나.

[01] **You have a lot of talent.** ▶ talent 재능

넌 1분 남았어.

[02] **You have one minute left.**

좋은 집을 갖고 계시네요.

[03] **You have a nice house.** ▶ '집이 좋네요'라는 의미

유머 감각이 좋으시네요.

[04] **You have a good sense of humor.** ▶ sense of humor 유머 감각

당신은 오늘 회의가 3개 있어요.

[05] **You have three meetings today.**

Speaking Tip

게임을 하거나 방을 구경시켜 줄 때 등 '여기에는 ~가 있어'라고 말할 때도 you have를 쓸 수 있습니다. You have 30 red cards.(빨간 카드가 30장 있어요.) You have a couch here.(여기 소파가 있어요.)

난 ～가 없어
I don't have...

나에게 없는 것을 말할 때는 I have에 don't을 넣은 이 패턴을 사용하세요. 'I don't have+명사' 형태로 쓰면 '(명사)가 없다'는 뜻이고, 'I don't have+명사+to+동사' 형태로 쓰면 '～할 ～가 없어'라는 뜻이 됩니다.

난 우산이 없어.

06 **I don't have** an umbrella.

난 현금이 하나도 없어.

07 **I don't have** any cash. ▶ cash 현금

난 친구가 많지 않아.

08 **I don't have** many friends.

오늘 저녁에는 아무 계획도 없어요.

09 **I don't have** any plans for tonight.

더 이상 할 말이 없어요.

10 **I don't have** anything else **to** say.

Speaking Tip

I don't have 뒤에 '가지고 있지 않은 것'을 붙여 주면 되는데, '전혀' 없다고 말하고 싶을 때는 any를 붙여서 강조해 줄 수 있습니다. I don't have any cash.(난 현금이 전혀 없어.)

하루 10문장 입에 붙이기

Pattern A

~를 모르겠어
I have no idea...

idea는 '아이디어, 생각'이라는 뜻도 있지만, 뭔가를 이해하고 있는 상태나 정도를 가리키기도 합니다. 그래서 have no idea라고 하면 '전혀 모르겠다'는 뜻이 됩니다.

어떻게 해야 할지 **모르겠어.**

01 **I have no idea** what to do.

그 사람 생일이 언제인지 **모르겠어.**

02 **I have no idea** when his birthday is.

내가 여기에 왜 온 건지 **모르겠어.**

03 **I have no idea** why I'm here.

이 기계가 어떻게 작동하는지 **모르겠어요.**

04 **I have no idea** how this machine works.

그녀가 저를 좋아하는지 안 좋아하는지 **모르겠어요.**

05 **I have no idea** if she likes me or not.

Speaking Tip

새로운 사실에 대해서 알게 된 후에 '정말? 그런 줄 전혀 몰랐어.'라고 말하고 싶을 때는 과거형으로 Really? I had no idea.라고 말하면 됩니다.

너 ~ 있어?

Do you have...?

상대방이 어떤 걸 갖고 있는지 물을 때 자주 쓰는 표현이에요. 기본적으로는 'Do you have+명사?' 형태로 쓰는데, '조금이라도'의 의미를 덧붙이고 싶을 때는 'Do you have any+명사?'라고 물어보세요.

이 앱 있어?

06 **Do you have this app?**

5달러 있어?

07 **Do you have 5 dollars?**

내일 시간 있어?

08 **Do you have time tomorrow?**

뭐 질문 더 있나요?

09 **Do you have any more questions?**

추천해 주고 싶은 거 뭐 있어요?

10 **Do you have any recommendations?**
▶ recommendation 추천, 권고

Speaking Tip

Do you have 뒤에 any와 some 중 무엇을 쓰는지에 따라 어감이 달라집니다. 내일 '혹시 조금이라도' 시간이 있는지 물을 때는 Do you have any time tomorrow?라고 하고, 시간이 있을 거라고 예상하며 물을 때는 Do you have some time tomorrow?라고 합니다.

하루 10문장 입에 붙이기

Pattern A

난 ~가 필요해
I need...

need는 '필요하다'라는 뜻이에요. 돈, 시간, 조언 등 내게 필요한 것을 말할 때 I need...를 사용해서 말해 보세요. I need 뒤에는 명사를 붙여서 말하면 됩니다.

난 물이 좀 필요해.

01 **I need** some water.

난 시간이 더 필요해.

02 **I need** more time.

난 지금 샤워를 해야 해.

03 **I need** a shower now.

당신의 조언이 필요해요.

04 **I need** your advice.

저는 달걀 20개하고 물 5리터가 필요해요.

05 **I need** 20 eggs and 5 liters of water.

Speaking Tip

필요하지 않은 것에 대해서 이야기할 때는 **don't**을 넣어서 I **don't need**라고 말해요. '당신의 조언은 필요 없어요.'라고 말하려면 I **don't need** your advice.라고 말하면 됩니다.

Pattern B

난 ~해야 돼
I need to...

내가 필요한 것이 돈, 시간 등 '명사'라면 I need... 뒤에 붙이면 되지만, 내가 뭔가를 할 필요가 있을 때는
I need to 뒤에 '동사원형'을 붙여서 말합니다.

난 병원에 가 봐야 돼.

06 **I need to** see a doctor.

난 이메일을 보내야 돼.

07 **I need to** send an email.

난 이걸 빌려야 돼.

08 **I need to** borrow this.

저는 예약을 해야 돼요.

09 **I need to** make a reservation.   ▶ make a reservation 예약하다

오늘 상사랑 이야기를 해야 돼요.

10 **I need to** talk to my boss today.

Speaking Tip

하기는 싫은데 해야 하는 일들이 있죠? 그럴 때는 이렇게 말할 수 있습니다. I don't want to do it, but
I need to.(그걸 하고 싶지 않지만 해야 돼.)

Pattern A

넌 ~해야 돼
You need to...

상대방이 뭔가를 할 필요가 있다고 말할 때는 You need to... 뒤에 동사원형을 붙여서 말하면 됩니다. 상대방에게 해야 할 일을 상기시켜 주거나 조언해 줄 때 사용해 보세요.

넌 휴식을 취해야 돼.

[01] **You need to take a break.** ▶ **take a break** 휴식을 취하다

넌 손을 씻어야 돼.

[02] **You need to wash your hands.**

넌 진정할 필요가 있어.

[03] **You need to calm down.** ▶ **calm down** 진정하다, 진정시키다

당신은 운동을 더 자주 해야 돼요.

[04] **You need to exercise more often.**

당신은 사용 설명서를 읽어야 돼요.

[05] **You need to read the instructions.**
▶ **instructions** (제품 등의) 사용 설명서

Speaking Tip

상대방이 해야 하는 것에 대해서 비교적 가볍게 말하는 표현입니다. 반드시 해야 하는 의무라면 You must...나 You ought to...와 같은 표현을 사용할 수 있습니다.

넌 ~할 필요 없어
You don't need to...

상대방이 뭔가를 할 필요가 없다고 말할 때는 You need to...에 don't을 넣으면 됩니다. '넌 ~할 필요 없어', '넌 ~ 안 해도 돼'라고 말할 때 You don't need to...를 사용해 보세요.

일어날 필요 없어.

06 You don't need to stand up.

아무것도 가져올 필요 없어.

07 You don't need to bring anything.

그거 끌 필요 없어.

08 You don't need to turn it off. ▶ **turn off** (전자제품·전기·가스 등을) 끄다

사과하실 필요 없어요.

09 You don't need to apologize. ▶ **apologize** 사과하다

참여하실 필요 없어요.

10 You don't need to participate. ▶ **participate** 참여하다

Speaking Tip

'~할 필요 없어'라고 말할 때 There is no need to...를 쓸 수도 있어요. 또 여기에서 there is를 빼고 짧게 No need to stand up.(일어날 필요 없어.)이라고 말할 수도 있습니다.

Pattern A

~ 좀 해 줘
# I need you to...

직역하면 '난 네가 ~하는 게 필요해'라는 뜻이에요. 상대방이 해 줬으면 하는 일이 있을 때 이 패턴으로 말해 보세요. 어조에 따라 부탁하는 표현이 될 수도 있고 지시하는 표현이 될 수도 있어요.

이것 좀 봐 줘.

[01] **I need you to** watch this.

내일 일찍 좀 와 줘.

[02] **I need you to** come early tomorrow.

그 여자 얘기 좀 그만해 줘.

[03] **I need you to** stop talking about her.

이것 좀 마무리해 주세요.

[04] **I need you to** finish this.

저한테 솔직하게 말해 주세요.

[05] **I need you to** be honest with me.

Speaking Tip

I need you까지만 말하면 '나는 네가 필요해'가 되기 때문에, I need you to까지 붙여서 말하는 것이 좋습니다. 그래서 발음도 you와 to가 자연스럽게 연결되어 [유루]처럼 들릴 때가 많아요.

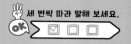
Pattern B

~할 필요 없어
There's no need to...

뭔가를 할 필요가 없다고 말할 때 아주 많이 쓰이는 표현이에요. 여기에서 need는 '필요'라는 뜻의 명사이고,
There's...는 There is...(~이 있다)의 줄임말이에요. to 뒤에는 동사원형을 붙이면 됩니다.

걱정할 필요 없어.

06 **There's no need to worry.**

서두를 필요 없어.

07 **There's no need to rush.** ▶ rush 서두르다

나한테 고마워 할 필요 없어.

08 **There's no need to thank me.**

경찰을 부를 필요 없어요.

09 **There's no need to call the police.**

아무것도 바꿀 필요 없어요.

10 **There's no need to change anything.**

Speaking Tip

'그럴 필요 없어요.'라고 말할 때 구어체에서는 there's를 생략하고 No need to...라고 말할 때가 많아요.
또한 앞에서 이미 나온 이야기에 대해서 말할 때는 No need.라고만 말할 수도 있습니다.

난 ~를 알아
I know...

I know.라고 하면 '알고 있어.', '나도 알아.'라는 의미예요. 뭘 알고 있는지 구체적으로 말할 때는 'I know+명사' 또는 'I know+주어+동사' 형태로 문장을 만들 수 있습니다.

난 답을 알아.

01 **I know** the answer.

난 그녀의 비밀을 알고 있어.

02 **I know** her secret.

그게 비싸다는 거 알아.

03 **I know** it's expensive.

뭘 해야 할지 알겠어요.

04 **I know** what to do.

제가 관여할 일이 아니라는 거 알아요.

05 **I know** it's none of my business.

Speaking Tip

'저도 알아요.'라고 말할 때는 간단히 I know.라고 말하면 돼요. I know, right?이라고 하면 '정말 그렇지?', '그러게 말이야!' 하면서 상대의 말에 공감하는 표현이에요. 채팅에서는 IKR이라고 줄여서 쓰기도 합니다.

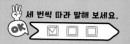
Pattern B

난 ~를 알고 있었어
I knew...

현재에 알고 있는 사실을 말할 때는 I know...를 쓰고, 과거에 알고 있었던 사실을 말할 때는 I knew...를 씁니다. 뒤에는 '주어+동사' 형태를 붙여 주세요.

네가 좋아할 줄 알았어.

06 **I knew** you would like it.

내 말이 맞다는 걸 알고 있었어.

07 **I knew** I was right.

네가 그냥 농담하는 거라는 걸 알고 있었어.

08 **I knew** you were just kidding.

당신이 그렇게 말할 줄 알았어요.

09 **I knew** you would say that.

비 올 줄 알고 우산을 가져왔어요.

10 **I knew** it would rain, so I brought an umbrella.

Speaking Tip

> 뭔가 예상대로 되었을 때 '내가 그럴 줄 알았어!', '역시 내가 생각한 대로야!'라고 말할 때는 짧게 I knew it! 이라고만 하면 됩니다.

하루 10문장 입에 붙이기

Pattern A

난 ~하는 법을 알아
I know how to...

'운전할 줄 알아', '어떻게 가는지 알아'처럼 원가를 하는 방법이나 요령을 알고 있다면 I know 뒤에 how to(~하는 방법)를 붙여서 말하면 됩니다.

난 운전할 줄 알아.

01 **I know how to drive.**

난 수영할 줄 알아.

02 **I know how to swim.**

난 거기 어떻게 가는지 알아.

03 **I know how to get there.**

저는 그들을 설득하는 법을 알아요.

04 **I know how to convince them.** ▶ **convince** 설득하다

그걸 영어로 어떻게 말하는지 알아요.

05 **I know how to say it in English.**

Speaking Tip

Do you know how to...?(~하는 법을 알아?) 질문에 답변하면서 '어떻게 하는지 알아요.' 또는 '방법을 알고 있어요.'라고 말하려면 짧게 **I know how.**까지만 말해도 됩니다.

Pattern B

난 ~를 몰라
I don't know...

모른다고 할 때는 I know...에 don't을 넣은 부정문을 사용합니다. 뒤에 의문사를 붙여서 I don't know what...(난 뭐가 ~인지 몰라), I don't know how to...(난 ~하는 법을 몰라) 형태로 응용해 보세요.

난 그 사람을 몰라.

06 **I don't know him.**

난 그녀의 이름을 몰라.

07 **I don't know her name.**

난 길을 몰라.

08 **I don't know the way.**

뭐가 잘못된 건지 모르겠어요.

09 **I don't know what's wrong.**

뭐 때문에 그 사람이 그렇게 화가 난 건지 모르겠어요.

10 **I don't know what made him so upset.**

Speaking Tip

I don't know 뒤에는 다양한 형태를 붙일 수 있습니다. if를 붙이면 '~인지 아닌지' 모르겠다는 뜻이 됩니다. I don't know if he'll like it.(그 사람이 그걸 마음에 들어 할지 모르겠네요.)

하루 10문장 입에 붙이기

Pattern A

~를 알아?
Do you know...?

상대방이 뭔가를 아는지 물어볼 때는 Do you know...?로 문장을 시작하면 됩니다. 뒤에 의문사를 붙여서 Do you know how to...?(~하는 법을 알아?), Do you know where...?(어디에서 ~하는지 알아?)과 같이 응용해 보세요.

그 사람 전화번호 알아?

[01] **Do you know his number?**

그녀를 개인적으로 알아?

[02] **Do you know her personally?** ▶ **personally** 개인적으로

와이파이 비밀번호 알아?

[03] **Do you know the Wi-Fi password?** ▶ **password** 비밀번호

이거 어떻게 켜는지 아세요?

[04] **Do you know how to turn on this thing?**
▶ **turn on** (전자제품·전기·가스 등을) 켜다

이거 어디에서 살 수 있는지 아세요?

[05] **Do you know where I can buy this?**

Speaking Tip

뭔가를 아는지 물으면서 '혹시'라는 뜻을 추가하고 싶다면, '마침 ~하다'라는 뜻의 happen to를 넣어 Do you happen to know his number?(혹시 그 사람 전화번호 알아?)처럼 물을 수 있습니다.

Pattern B

~할지 혹시 또 모르지
You never know...

직역하면 '넌 ~를 절대 몰라'라는 뜻이지만, 실제로는 '누가 알아', '아무도 모르는 거야'라는 의미입니다. 미래에 좋은 일이 있을지도 모른다고 말할 때, 결과는 모르는 거니 장담하지 말라고 할 때 자주 사용됩니다.

무슨 일이 생길지는 **모르는 거야**.

[06] **You never know** what will happen.

네가 누구를 만나게 될지는 **모르는 거야**.

[07] **You never know** who you will meet.

그들이 뭐라고 할지는 아무도 **모르는 거야**.

[08] **You never know** what they will say.

언제 기회가 올지는 **모르는 거예요**.

[09] **You never know** when an opportunity might come.
▶ **opportunity** 기회

10년 뒤에 뭘 하고 있을지는 또 **모르는 거예요**.

[10] **You never know** what you will be doing in 10 years.

Speaking Tip

뒤에 아무 내용도 붙이지 않고 You never know.라고만 하는 경우도 많습니다. 이는 '혹시 또 모르잖아.', '혹시 알아?', '(어떤 일이 생길지는) 아무도 모르는 거야.' 등의 의미입니다.

다음을 영어로 말해 보세요. 5초 안에 말하면 성공!

01. 지금은 먹고 싶은 기분이 아니야.

02. 나한테 좋은 생각이 있어.

03. 유머 감각이 좋으시네요.

04. 내일 시간 있어?

05. 난 시간이 더 필요해.

06. 사과하실 필요 없어요.

07. 걱정할 필요 없어.

08. 네가 좋아할 줄 알았어.

09. 뭐가 잘못된 건지 모르겠어요.

10. 와이파이 비밀번호 알아?

정답

01. I don't feel like eating now.　02. I have a good idea.　03. You have a good sense of humor.　04. Do you have time tomorrow?　05. I need more time.　06. You don't need to apologize.　07. There's no need to worry.　08. I knew you would like it.　09. I don't know what's wrong.　10. Do you know the Wi-Fi password?

 **041~050**

"이 과가 끝나면 여러분도
아래와 같은 말을 영어로 말할 수 있게 됩니다! "

Pattern A

난 ~를 이해해
I understand...

understand는 '이해하다'라는 뜻이에요. I understand... 뒤에 명사나 that절을 붙여도 되고, 의문사를 붙여서 I understand why...(왜 ~인지 이해해), I understand how...(어떻게 ~인지 이해해)와 같이 쓸 수도 있어요.

네 말을 **이해해**.

[01] **I understand your point.** ▶ **point** (말·글에서 제시하는) 의견, 주장

네 기분이 **어떨지 이해해**.

[02] **I understand how you feel.**

그녀가 **왜** 그런 말을 했는지 **이해해요**.

[03] **I understand why she said that.**

우리가 이걸 **왜** 해야 하는지 **이해해요**.

[04] **I understand why we have to do this.**

그 사람이 당신의 가까운 친구라는 **건 알겠어요**.

[05] **I understand that he is a close friend of yours.**

Speaking Tip

'~라는 사실이 이해가 되었다', '~라는 거 알겠어요'라고 상황 파악이 되었음을 표현할 때는 that을 붙여서 I understand that we made a mistake.(우리가 실수했다는 걸 알겠어요.)라고 말하면 됩니다.

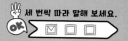
난 ~가 이해가 안 돼
I don't understand...

이해가 안 된다고 할 때는 I understand...에 don't을 넣으면 됩니다. I don't understand why...(왜 ~인지 이해가 안 돼), I don't understand how...(어떻게 ~인지 이해가 안 돼)와 같이 사용해 보세요.

난 질문이 **이해가 안 돼**.

06 **I don't understand** the question.

난 이 트렌드가 **이해가 안 돼**.

07 **I don't understand** this trend. ▶ **trend** 유행, 경향

난 뭐가 문제인지 **이해가 안 돼**.

08 **I don't understand** what the problem is.

저는 그게 어떻게 가능한지 **이해가 안 돼요**.

09 **I don't understand** how that is possible.

우리가 왜 사과해야 하는지 **이해가 안 돼요**.

10 **I don't understand** why we have to apologize.

Speaking Tip

상대방이 한 말이 이해가 안 될 때는 짧게 I don't understand.라고만 말해도 충분하고, 구어체에서는 이것과 동일한 의미로 I don't get it.을 자주 씁니다.

Pattern A

~하는 것 좀 도와줘
Help me...

도와달라고 할 때 가장 많이 쓰는 표현이 Help me!(나 좀 도와줘!)입니다. 뭘 도와달라는 것인지 구체적으로 말하려면 뒤에 동사원형이나 'with+명사'를 붙이면 됩니다.

차 미는 것 좀 도와줘.

[01] **Help me** push the car.

내가 준비하는 것 좀 도와줘.

[02] **Help me** get ready.

설거지 좀 도와줘.

[03] **Help me** with the dishes.

이 상자들 옮기는 것 좀 도와줘요.

[04] **Help me** move these boxes.

좋은 노트북 고르는 것 좀 도와줘요.

[05] **Help me** choose a good laptop.

Speaking Tip

'도움을 준다'는 의미로 help 대신 give a hand(도움의 손길을 주다)를 쓸 수도 있습니다. 그래서 Give me a hand.라고 하면 '도와줘.'라는 뜻이 됩니다.

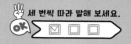
Pattern B

내가 ~하는 것 좀 도와줄래?

Can you help me...?

가까운 사이거나 다급한 상황에서는 Help me...를 써서 도와달라고 해도 괜찮아요. 그렇지 않은 경우라면 앞에 Can you를 붙여서 정중하게 부탁하는 것이 좋습니다.

방 청소하는 것 좀 도와줄래?

06 **Can you help me clean the room?**

이거 번역하는 것 좀 도와줄래?

07 **Can you help me translate this?** ▸ translate 번역하다

그 남자 설득하는 것 좀 도와줄래?

08 **Can you help me persuade him?** ▸ persuade 설득하다

내 책상 정리하는 것 좀 도와줄래요?

09 **Can you help me organize my desk?** ▸ organize 정리하다

아르바이트 찾는 것 좀 도와줄 수 있나요?

10 **Can you help me find a part-time job?**
▸ part-time job 아르바이트

Speaking Tip

Can you help me 뒤에 동사 대신 'with+명사'를 쓸 수도 있습니다. '이것 좀 도와줄 수 있어요?'라고 묻고 싶을 때는 with this를 써서 Can you help me with this?라고 하면 됩니다.

109

Pattern A

네가 ~하는 거 도와줄게
I'll help you...

내가 먼저 도와주겠다고 말할 때는 이 패턴을 쓰면 됩니다. I'll help you 뒤에는 동사원형을 써도 되고, 'with+명사' 형태를 써도 됩니다.

가방 드는 거 도와줄게.
01 **I'll help you** with the bags.

숙제 도와줄게.
02 **I'll help you** with your homework.

여행 준비하는 거 도와줄게.
03 **I'll help you** prepare for the trip.

문서들 찾는 거 도와드릴게요.
04 **I'll help you** find the documents. ▶ **document** 서류, 문서

방 장식하는 거 도와드릴게요.
05 **I'll help you** decorate the room.

Speaking Tip

I'll에도 [l] 발음이 들어가고 help에도 [l] 발음이 들어가서 의외로 발음하기 어려울 수 있어요. 자연스럽게 발음할 수 있을 때까지 여러 번 반복해서 연습해 주세요.

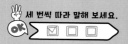

그건 내가 ~하는 데 도움이 돼
It helps me...

help에는 '도와주다'라는 뜻 외에 '도움이 되다'라는 뜻도 있어요. 나에게 도움이 되는 것을 It으로 받아서 이렇게 말해 보세요. 뭘 하는 데 도움이 되는지는 It helps me 뒤에 동사원형을 붙여서 알려주면 됩니다.

그건 내가 긴장을 푸는 데 도움이 돼.

06 **It helps me relax.** ▶ relax 긴장을 풀다

그건 내가 잠드는 데 도움이 돼.

07 **It helps me fall asleep.**

그건 내가 시간을 많이 아끼는 데 도움이 돼.

08 **It helps me save a lot of time.**

그건 제가 스트레스를 푸는 데 도움이 돼요.

09 **It helps me relieve stress.** ▶ relieve 없애 주다, 완화하다

그건 제가 중요한 계획들을 기억하는 데 도움이 돼요.

10 **It helps me remember important plans.**

Speaking Tip

'~에 도움이 된다'는 내용 없이, 간단히 '도움이 많이 된다'고 하고 싶을 때는 뒤에 a lot을 붙여서 It helps me a lot. 또는 This helps me a lot.이라고 하면 됩니다.

이건 네가 ~하는 데 도움이 될 거야
This will help you...

상대방에게 도움이 될 물건이나 정보를 주면서 쓰기 좋은 표현이에요. 어떻게 도움이 되는지는 뒤에 동사원형을 붙여서 설명해 주세요. This와 will이 빠르게 연결되어 발음될 때가 많습니다.

이건 네가 집중하는 데 도움이 될 거야.

01 **This will help you focus.** ▸ focus 집중하다

이건 네가 건강을 유지하는 데 도움이 될 거야.

02 **This will help you stay healthy.**

이건 네가 밤에 잠을 더 잘 자게 도와줄 거야.

03 **This will help you sleep better at night.**

이건 당신이 문제를 이해하는 데 도움이 될 거예요.

04 **This will help you understand the problem.**

이건 여러분이 일의 속도를 높이는 데 도움이 될 거예요.

05 **This will help you speed things up.** ▸ speed up 속도를 높이다

Speaking Tip

강한 추측으로 '분명 이게 도움이 될 거야.'라고 말하고 싶을 때는 will 대신 should를 써서 This should help you focus.와 같이 말할 수도 있습니다.

Pattern B

~할 수밖에 없어
I can't help but...

웃음을 참으려고 해도 너무 웃겨서 계속 웃음이 나온다면 I can't help but laugh.라고 말할 수 있어요. 어쩔 수 없이 그렇게 할 수밖에 없을 때 사용하는 표현이에요. but 뒤에는 동사원형을 붙여 주세요.

웃을 수밖에 없어.

06 **I can't help but laugh.**

이유가 궁금해질 수밖에 없어.

07 **I can't help but wonder why.**

어쩔 수 없이 부러워지네.

08 **I can't help but feel jealous.**

어쩔 수 없이 실망감이 느껴지네요.

09 **I can't help but feel disappointed.** ▶ **disappointed** 실망한

제 자신을 탓할 수밖에 없네요.

10 **I can't help but blame myself.** ▶ **blame** ~를 탓하다

Speaking Tip

help는 '돕다'라는 뜻 외에 이렇게 '참다, 멈추다'라는 뜻으로도 쓰여요. 짧게 I can't help it.이라고 하면 '(참을 수 없어) 그렇게 할 수밖에 없다'는 뜻이 됩니다.

113

하루 10문장 입에 붙이기

〜한대

They say...

사람들이 일반적으로 하는 말, 요즘 들리는 소문, 어떤 기관에서 하는 말 등을 전할 때 주어를 특정할 필요 없이 they로 받아서 They say...라고 말하면 됩니다.

그건 위험할 거래.

01 **They say** it will be dangerous.

거기는 10시에 문 연대.

02 **They say** they open at 10 o'clock.

엘리베이터 이제 된대.

03 **They say** the elevator works now.

이게 가장 인기 있는 상품이래요.

04 **They say** this is the most popular product.

만장일치의 결정이었대요.

05 **They say** it was a unanimous decision.
▶ **unanimous** 만장일치의

Speaking Tip

they도 '불특정' 인물이긴 하지만, '누군가'에 대해서 이야기하고 싶지 않고 그냥 '〜라고 들었어'라고 말하고 싶을 때는 I heard를 써서 I heard it's a good movie.(그 영화 재미있대요.)처럼 말할 수 있습니다.

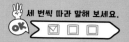
Pattern B

~라고 했어
They said...

They say...의 과거형입니다. 과거에 사람들이 했던 말, 예전에 들었던 소문, 어떤 기관에서 했던 말 등을 전할 때 주어를 they로 잡고 문장을 시작해 보세요.

지연된다고 했어.

06 **They said** there's a delay. ▸ **delay** 지연, 지체

사고가 있었다고 했어.

07 **They said** there was an accident.

여기 아무도 안 산다고 했어.

08 **They said** nobody lives here.

문이 잠겼다고 했어요.

09 **They said** the door was locked.

그게 우리한테는 너무 쉬울 거라고 했어요.

10 **They said** it would be too easy for us.

Speaking Tip

과거 시제와 현재 시제가 섞여 있어서 복잡해 보이죠? 일단 과거에 소식을 들었으니 They said로 시작하되, 나머지 부분이 현재에도 해당되는 내용이라면 현재형으로 써도 됩니다.

115

Pattern A

~에 뭐라고 써 있어?
What does... say?

'~에 뭐라고 써 있어?'를 영어로 옮길 때 동사 write을 떠올리기 쉽지만 영어에서는 say를 이용해서 이렇게 물어 봅니다. 책, 이메일, 보고서 등의 문서에 뭐라고 써 있는지 이 패턴을 써서 물어보세요.

이메일에 뭐라고 써 있어?
[01] **What does the email say?**

간판에 뭐라고 써 있어?
[02] **What does the sign say?**

보고서에 뭐라고 써 있어?
[03] **What does the report say?**

상자에 뭐라고 써 있어요?
[04] **What does it say on the box?**★

상사한테서 온 메시지에 뭐라고 써 있어요?
[05] **What does the message from your boss say?**

Speaking Tip

'상자에 뭐라고 써 있어?'라고 묻고 싶을 때 What does the box say?라고 the box를 주어로 넣어 도 되지만, '상자 표면에'라는 것을 살려서 What does it say on the box?라고 물을 수도 있습니다.

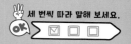
Pattern B

~가 뭐라고 했어?

What did... say?

누군가가 과거에 뭐라고 말했는지 물을 때 쓰는 표현입니다. 주어로 이메일, 기사 등의 문서가 오면 '~에 뭐라고 써 있었어?'라는 뜻이 됩니다.

너 뭐라고 했어?

06 **What did you say?**

경찰이 뭐라고 했어?

07 **What did the police say?**

기사에 뭐라고 써 있었어?

08 **What did the article say?** ▶ article 글, 기사

그 사람들이 저에 대해서 뭐라고 했어요?

09 **What did they say about me?**

교수님이 네 숙제에 대해서 뭐라고 하셨어?

10 **What did the professor say about your homework?**

Speaking Tip

상대방이 내가 해 준 경고나 충고를 안 들었다가 나중에 후회할 때, '거 봐, 내가 뭐랬어?'라고 말하고 싶다면
What did I say?라는 표현을 써 보세요.

Pattern A

~를 뭐라고 해?
How do you say...?

외국어를 배울 때 자주 쓰는 표현이지요. '영어로 ~를 어떻게 말해?', '프랑스어로 ~가 뭐야?' 등을 물어볼 때 How do you say...?를 사용하면 됩니다.

그리스어로 "안녕하세요."를 **뭐라고 해?**

01 **How do you say, "Hello," in Greek?**

프랑스어로 "고마워요."를 **뭐라고 해?**

02 **How do you say, "Thank you," in French?**

한국어로 "미안해요."를 **뭐라고 해요?**

03 **How do you say, "I'm sorry," in Korean?**

당신 이름을 **어떻게 읽어요?**

04 **How do you say your name?**

이 구절을 **어떻게 읽어요?**

05 **How do you say this phrase?** ▶ **phrase** 구, 구절

Speaking Tip

how가 아니라 what을 써서 What do you say?라고 하면, 뭔가 제안을 한 다음에 '어떻게 생각해?'라고 의견을 묻는 표현이 되니 헷갈리지 않도록 주의하세요.

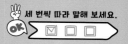
Pattern B

~라고 가정해 보자
Let's say...

직역하면 '~라고 말하자'이지만, 실제로는 '~라고 가정해 보자' 또는 '~라고 치자'라는 뜻으로 쓰입니다. 뒤에는 '주어+동사' 형태를 붙이면 됩니다.

우리가 실패한다고 **가정해 보자.**

[06] **Let's say we fail.**

아무도 안 나타난다고 **치자.**

[07] **Let's say no one shows up.** ▶ show up 나타나다

네가 복권에 당첨됐다고 **치자.**

[08] **Let's say you won the lottery.** ▶ lottery 복권

응급 상황이 있었다고 **가정해 보죠.**

[09] **Let's say there was an emergency.** ▶ emergency 비상사태

그들이 당신을 고용하고 싶어 한다고 **가정해 보죠.**

[10] **Let's say they want to hire you.** ▶ hire 고용하다

Speaking Tip

Let's say...에 just를 넣어 Let's just say...라고 하면 '그냥 ~인 걸로 해 두자'라는 의미가 될 수 있습니다. Let's just say I made a mistake.(그냥 내가 실수를 했다고 치자.)

119

그러니까 내 말은 ~라는 거야

I mean,...

mean은 '~라는 뜻이다', '~라는 뜻으로 말하다'라는 의미예요. 대화를 나누다가 상대가 내 말을 잘 이해하지 못할 때, 내 의사를 정확히 표현하고 싶을 때 사용해 보세요. 뒤에는 하고 싶은 말을 문장 형태로 덧붙이면 됩니다.

그러니까 내 말은 네가 잘했다고.

01 **I mean, you did a good job.**

그러니까 내 말은 네가 그걸 다시 해야 된다는 거야.

02 **I mean, you have to do it again.**

그러니까 내 말은 그게 우리한테는 너무 비싸다는 거야.

03 **I mean, it's too expensive for us.**

그러니까 제 말은 상황에 따라 달라진다는 거예요.

04 **I mean, it depends on the situation.** ▶ **depend on** ~에 달려 있다

그러니까 제 말은 제가 일부러 그런 건 아니라는 거예요.

05 **I mean, I didn't do it on purpose.** ▶ **on purpose** 일부러

Speaking Tip

I mean...을 '아, 그게 아니라'라는 의미로도 쓸 수 있습니다. Today, I mean, tomorrow.라고 하면 '오늘, 아니, 내일이야.'가 됩니다.

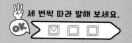
Pattern B

~라는 말이야?

You mean...?

상대방의 말뜻을 내가 제대로 이해했는지 확인하는 질문이에요. 원래는 Do you mean...? 형태인데 구어체에서는 간단히 줄여서 You mean...?이라고 말할 때가 많습니다.

괜찮다는 말이야?

[06] **You mean it's okay?**

그게 너한테 없다는 말이야?

[07] **You mean you don't have it?**

네가 내 카메라를 잃어버렸다는 말이야?

[08] **You mean you lost my camera?**

제가 환불을 받을 수 없다는 말인가요?

[09] **You mean I can't get a refund?** ▶ **refund** 환불; 환불하다

우리가 그걸 처음부터 다시 해야 한다는 말인가요?

[10] **You mean we have to do it all over again?**
▶ **all over again** 처음부터 다시

Speaking Tip

상대방이 가리키는 물건이 어떤 것인지 확실히 묻고 싶을 때, 이렇게 말해 보세요. You mean this one? (이거 말인가요?)

Pattern A

그건 ~라는 의미야
It means...

어떤 상황이 갖는 의미를 정리해 주거나 앞에서 한 말의 속뜻을 알려줄 때, 상황이나 말 등을 It으로 받아서 It means...라고 말하면 됩니다. 상대방이 상황 파악을 제대로 못하고 있을 때 이 패턴을 써서 알려주세요.

뭔가 잘못되었다는 **뜻이야**.

[01] **It means** something is wrong.

실험이 성공적이었다는 **의미야**.

[02] **It means** the experiment was successful.
▶ **experiment** 실험

네가 너무 빨리 가고 있다는 **의미야**.

[03] **It means** you are going too fast.

그걸 지금 사용할 수 없다는 **의미예요**.

[04] **It means** you can't use it now.

쉽게 휴대할 수 있다는 **뜻이에요**.

[05] **It means** you can carry it around easily.
▶ **carry around** 휴대하다, 들고 다니다

Speaking Tip

상대방이 어떤 말을 잘못 이해하고 있을 때 '그건 그런 뜻이 아니에요.'라는 말을 자주 하죠. 그럴 때는 That's not what it means.라고 하면 됩니다.

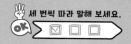
Pattern B

~는 무슨 뜻이야?
What does... mean?

단어의 뜻이나 표지판의 의미 등을 물어볼 때 쓰는 표현이에요. 간단하게 What does it mean?(그게 무슨 뜻이야?) 또는 What does this mean?(이게 무슨 뜻이야?)이라고 물어도 됩니다.

이 단어는 무슨 뜻이야?

06 **What does this word mean?**

이 표시는 무슨 뜻이야?

07 **What does this sign mean?**

당신의 이름은 무슨 뜻이에요?

08 **What does your name mean?**

그 제스처는 무슨 뜻이에요?

09 **What does that gesture mean?** ▶ gesture 몸짓, 제스처

이 약자는 무슨 뜻이에요?

10 **What does this abbreviation mean?** ▶ abbreviation 약자, 약어

Speaking Tip

단어의 뜻을 물을 때 'What does... mean?' 대신에 '의미'라는 뜻의 명사 meaning을 이용해서 'What is the meaning of...?'이라고 할 수도 있습니다.

다음을 영어로 말해 보세요. 5초 안에 말하면 성공!

01. 네 기분이 어떨지 이해해.

02. 이 상자들 옮기는 것 좀 도와줘요.

03. 가방 드는 거 도와줄게.

04. 제 자신을 탓할 수밖에 없네요.

05. 이게 가장 인기 있는 상품이래요.

06. 너 뭐라고 했어?

07. 한국어로 "미안해요."를 뭐라고 해요?

08. 그러니까 내 말은 네가 잘했다고.

09. 기분을 상하게 할 생각은 없었어요.

10. 이 표시는 무슨 뜻이야?

정답

01. I understand how you feel. 02. Help me move these boxes. 03. I'll help you with the bags. 04. I can't help but blame myself. 05. They say this is the most popular product. 06. What did you say? 07. How do you say, "I'm sorry," in Korean? 08. I mean, you did a good job. 09. I didn't mean to hurt your feelings. 10. What does this sign mean?

Pattern A

왜 ~인지 궁금해
I wonder why...

wonder는 '궁금하다'라는 뜻이에요. I wonder 뒤에 why절을 붙이면 '난 왜 ~인지 궁금해'라는 뜻이 됩니다. 'I wonder why 주어+동사' 형태로 문장을 만들어 보세요.

그게 **왜** 닫혀 있는**지 궁금해**.

01 **I wonder why** it's closed.

그게 **왜** 잠겨 있는**지 궁금하네**.

02 **I wonder why** it's locked. ▶ **lock** 잠그다

저 사람들이 **왜** 뛰고 있는**지 궁금해**.

03 **I wonder why** they're running.

그 사람이 그걸 **왜** 취소했는**지 궁금하네요**.

04 **I wonder why** he canceled it.

여기가 **왜** 이렇게 조용한**지 궁금하네요**.

05 **I wonder why** it's so quiet here.

Speaking Tip

I wonder why 뒤에 아무 말도 붙이지 않고 쓸 수도 있습니다. 이유가 궁금할 때 '왜일까?'라고 간단히 말하기도 하지요. 이럴 때 I wonder why.라고 하면 됩니다.

Pattern B

누가 ~인지 궁금해
I wonder who...

누가 그랬는지 궁금하다면 I wonder 뒤에 who절을 붙이면 됩니다. '난 누가 ~한지 궁금해'라고 말할 때는 'I wonder who+동사' 형태로 말해 보세요. 이때는 who가 주어 역할을 하므로 뒤에는 바로 동사를 쓰면 됩니다.

이걸 누가 썼는지 궁금해.

06 **I wonder who wrote this.**

그걸 누가 숨겼는지 궁금해.

07 **I wonder who hid it.** ▶ **hid** hide(숨기다)의 과거형

그 행사에 누가 참여할지 궁금하네.

08 **I wonder who will attend the event.** ▶ **attend** 참석하다

누가 허가해 줬는지 궁금하네요.

09 **I wonder who gave permission.** ▶ **permission** 허락, 허가

또 누가 이것에 대해서 아는지 궁금하네요.

10 **I wonder who else knows about this.**

Speaking Tip

> who의 경우에는 그 자체가 의문사이면서 주어이기 때문에, I wonder 뒤에 who 의문문 형태를 그대로 붙이면 돼서 편합니다. 즉, Who wrote this?(이거 누가 썼어요?) 앞에 I wonder만 붙여 I wonder who wrote this.라고 하면 됩니다.

Pattern A

~인지 궁금해
I wonder if...

뭔가를 하는지 안 하는지 또는 사실인지 여부가 궁금할 때는 I wonder 뒤에 if를 붙이면 됩니다. 이때 if는 '~하는지'라는 뜻입니다. if 뒤에는 '주어+동사' 형태를 붙여 주세요.

그 사람이 나를 봤는지 궁금해.

01 **I wonder if** he saw me.

내일 비가 올지 궁금해.

02 **I wonder if** it will rain tomorrow.

그들이 나를 기억할지 궁금하네.

03 **I wonder if** they will remember me.

그녀가 회의에 참석중인지 궁금하네요.

04 **I wonder if** she's in a meeting.

알아차리는 사람이 있을지 궁금하네요.

05 **I wonder if** anyone will notice.　▶ **notice** 알아채다, 인지하다

Speaking Tip

I wonder if 다음에 주어로 you가 나올 때를 제외하고는 I'm curious if라고 바꿔 써도 거의 같은 느낌의 문장이 됩니다.

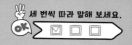

Pattern B

~인지 궁금했어

I was wondering...

'~인지 궁금해하고 있었어'라고 과거에 궁금했던 것을 말할 때뿐만 아니라, '~인지 궁금해'라고 현재 궁금한 것을 말할 때도 사용합니다. 상대방에게 공손하게 질문하거나 뭔가를 요청할 때 자주 쓰는 표현이에요.

네가 어디에 있는지 **궁금했어.**

06 **I was wondering** where you were.

그걸 누가 보냈는지 **궁금했어.**

07 **I was wondering** who sent it.

그런 일이 어떻게 일어났는지 **궁금했어.**

08 **I was wondering** how it happened.

오늘 당신이 그걸 사용할지 **궁금해서요.**

09 **I was wondering** if you are going to use that today.

이걸 당신에게서 빌려도 될지 **해서요.**

10 **I was wondering** if I could borrow this from you.

 Speaking Tip

'나도 그게 궁금했어.'라고 간단히 말할 때는 I was wondering about that, too.라고 하면 됩니다.

Pattern A

~할 만하네
No wonder...

wonder에는 '놀라운 것', '이상한 것'이라는 뜻도 있어요. 따라서 No wonder. 하면 '놀랄 일이 아니야', '그럴 만도 해', '당연해'라는 뜻이에요. 무엇이 놀랄 일이 아닌지 연결해 주려면 No wonder... 뒤에 '주어+동사'를 붙이면 됩니다.

그 애가 너한테 화를 낼 만하네.

[01] **No wonder she is angry with you.**

그 여자가 그렇게 마른 건 **놀랄 일이 아니네.**

[02] **No wonder she is so skinny.** ▶ **skinny** 비쩍 마른

그래서 이렇게 단맛이 많이 나는군요.

[03] **No wonder it tastes so sweet.**

그들이 지금 저렇게 기뻐할 만하네.

[04] **No wonder they're so happy now.**

그래서 이 안이 엄청 추웠던 거군요.

[05] **No wonder it was freezing in here.** ▶ **freezing** 너무나 추운

Speaking Tip

이 표현을 'I see that's why+주어+동사' 형태로 풀어서 말할 수 있습니다. 즉, No wonder she is so skinny.를 I see that's why she is so skinny.라고 말할 수 있어요.

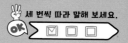
Pattern B

난 ~할 거야
I'll...

will은 '~할 것이다'라는 뜻의 조동사예요. I'll... 뒤에 동사원형을 써서 '난 ~할 거야', '내가 ~할게'라고 미래의 일을 말해 보세요.

내가 그녀에게 물어볼게.

06 **I'll ask her.**

내가 다시 전화할게.

07 **I'll call you back.**

난 오늘밤 이 영화를 볼 거야.

08 **I'll watch this movie tonight.**

제가 준비되면 말씀드릴게요.

09 **I'll tell you when I'm ready.**

저는 다른 도시로 이사 갈 거예요.

10 **I'll move to another city.**

Speaking Tip

I'll...은 기본적으로 앞으로 하려고 하는 행동을 나타낼 때 모두 쓸 수 있지만, 만약 상대방의 반응과 관계없이 어차피 마음먹은 일이라면 I'm going to...를 더 자주 씁니다.

Pattern A

난 ~하지 않을 거야
I won't...

won't는 will not의 줄임말로서 '~하지 않을 것이다'라는 뜻이에요. 미래에 '난 ~하지 않을 거야', '난 ~ 안 할 거야'라고 말하려면 I won't... 뒤에 동사원형을 붙이면 됩니다.

난 포기하지 **않을 거야.**

01 **I won't** give up.

난 아무 말도 안 할 거야.

02 **I won't** say anything.

난 그들을 용서하지 **않을 거야.**

03 **I won't** forgive them. ▶ **forgive** 용서하다

저는 그 사람들한테서 다시는 물건을 안 살 거예요.

04 **I won't** buy from them again.

저는 이것에 대해서 아무한테도 말 안 할 거예요.

05 **I won't** tell anyone about this.

Speaking Tip

I won't와 I want의 발음 구분이 처음에는 좀 어려울 수 있습니다. want는 [원트]와 비슷한 발음인 반면, won't는 wo 부분이 [워우] 소리가 나서 [워운트]처럼 소리내 줘야 합니다.

난 절대 ~ 안 할 거야
I would never...

never는 '절대/결코 ~않다'라는 뜻이에요. 그래서 I would never...는 '난 절대 ~ 안 해', '난 절대 ~할 사람이 아니야'라는 의미예요. I won't...보다 더 강하게 말하고 싶을 때 이 패턴을 써 보세요.

난 절대 그런 일은 안 할 거야.

06 **I would never do that.**

난 절대 너를 실망시키지 않을 거야.

07 **I would never disappoint you.** ▶ **disappoint** 실망시키다

난 그 사람이랑 절대로 안 사귈 거야.

08 **I would never date him.**

저는 절대 스카이다이빙을 안 할 거예요.

09 **I would never go skydiving.**

저는 상사한테 그런 말은 절대 못 할 거예요.

10 **I would never be able to say something like that to my boss.**

Speaking Tip

would는 will의 과거형으로 '의지'나 '계획'과 관련이 있어요. 그런데 would 대신 could를 쓰면 '절대 ~할 수 없을 거야'라는 의미의 표현이 됩니다. I could never do that.(난 그런 건 절대 못 할 거야.)

Pattern A

넌 ~할 거야?
Will you...?

Will you marry me?(나와 결혼해 줄래요?)라는 표현을 많이 들어봤을 거예요. Will you...?는 이렇게 '~해 줄래?'라는 뜻으로도 쓰이고, 단순히 '~할 거야?'라고 물어볼 때도 쓰입니다.

올 거야?

01 **Will you** come?

나 좀 도와줄래?

02 **Will you** help me?

그 사람을 너희 집으로 초대할 거야?

03 **Will you** invite him to your house?

제 도움 없이 괜찮으시겠어요?

04 **Will you** be okay without my help?

곧 런던으로 돌아가실 거예요?

05 **Will you** go back to London soon?

Speaking Tip

Will you...?는 '~할 거야?'라는 의미이고 Can you...?는 '~할 수 있어?'라는 의미인데, '(미래에) ~할 수 있겠어?'라고 물으려면 어떻게 해야 할까요? 이때는 can이 아니라 be able to를 써서 'Will you be able to+동사?'라고 해야 합니다.

Pattern B

～하겠어?
Would you...?

Would you...?는 '(너라면/어떤 상황이라면) ～하겠어?'라는 뜻도 있고, '～해 줄래요?'라는 부탁의 뜻도 있어요.
후자의 경우 Could you...?와 비슷한 의미라고 보면 됩니다.

또 하라면 하겠어?

06 **Would you do it again?**

일년 동안 혼자서 여행하겠어?

07 **Would you travel alone for a year?**

그걸 다른 사람들에게 추천하시겠어요?

08 **Would you recommend it to other people?**
▶ recommend 추천하다

부탁 하나 들어주시겠어요?

09 **Would you do me a favor?** ▶ do+사람+a favor ～의 부탁을 들어주다

이거 옮기는 것 좀 도와주시겠어요?

10 **Would you help me carry this?**

 Speaking Tip

Would you buy this?를 말할 때 '당신'을 강조하면서 '당신이라면 이걸 사시겠어요?'라고 묻고 싶다면
you를 확실히 강조해서 발음해야 합니다.

난 ~할 수 있어
I can...

can은 '~할 수 있다'라는 뜻의 조동사예요. 우리말과 마찬가지로 '능력'을 나타내기도 하고, '가능성'을 나타내기도 합니다. I can 뒤에 동사원형을 붙여서 내가 할 수 있는 일을 말해 보세요.

오늘 그거 할 수 있어.
01 I can do it today.

그거 혼자 할 수 있어.
02 I can do it by myself. ▶ **by myself** 혼자

이 앱으로 예약할 수 있어요.
03 I can make a reservation on this app.
▶ **make a reservation** 예약하다

그걸 어떻게 하는지 보여드릴 수 있어요.
04 I can show you how to do it.

휴대폰으로 영상을 편집할 수 있어요.
05 I can edit videos on my phone. ▶ **edit** 편집하다 **video** 동영상

Speaking Tip

할 수 있다는 걸 강조하기 위해서 can을 강하게 발음하다가 can't처럼 들려서 오해를 사는 경우가 생기기도 합니다. 그냥 가볍게 발음해 주세요.

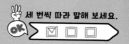
Pattern B

난 ~ 못 해
I can't...

can't는 can not의 줄임말로서 '~할 수 없어', '~ 못 해'라는 뜻이에요. 못하는 것을 말할 때뿐만 아니라, 하면 안 되는 것을 말할 때도 사용할 수 있어요. 뒤에 동사원형을 붙여서 말해 보세요.

네 말이 안 들려.

06 **I can't** hear you.

지금은 새 휴대폰 못 사.

07 **I can't** buy a new phone now.

어디에서도 내 지갑을 못 찾겠어.

08 **I can't** find my wallet anywhere.

확실히는 말씀드릴 수 없어요.

09 **I can't** tell you for sure. ▶ **for sure** 확실히

지금은 전화 통화를 못해요.

10 **I can't** talk on the phone now.

Speaking Tip

can't 뒤에 오는 동사가 모음으로 시작할 때는 [t] 발음과 자연스럽게 연결되어 소리나는데, can't 뒤에 오는 동사가 자음으로 시작할 때는 can't의 [t] 소리가 잘 안 날 때가 많아서 can인지 can't인지 구분하기 어려울 수 있습니다. 이럴 때는 억양과 문맥을 보고 판단해야 합니다.

Pattern A

넌 ~해도 돼
You can...

can에는 '~할 수 있다'뿐만 아니라 '~해도 된다'라는 뜻이 있어요. 그래서 You can... 하면 '넌 ~해도 돼'라는 허가의 의미라고 보면 됩니다.

플러그 뽑아도 돼.

01 **You can unplug it.** ▶ unplug 플러그를 뽑다

그냥 이메일로 보내도 돼.

02 **You can just e-mail it.**

돈을 다음 번에 줘도 돼.

03 **You can pay me next time.**

원하시면 더 오래 머무셔도 돼요.

04 **You can stay longer if you want.**

그 정보를 다른 사람들과 공유해도 돼요.

05 **You can share the information with other people.**

Speaking Tip

You can에서 you가 '당신'이라는 2인칭이 아니라 '(일반적인) 사람들'을 가리킬 수도 있습니다. 그래서 '그렇게도 할 수 있단 말이야?' 또는 '그래도 된단 말이야?'라고 말할 때 You can do that?이라고 묻습니다.

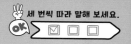
Pattern B

넌 ~하면 안 돼
You can't...

You can...은 '넌 ~해도 돼'라는 허가의 뜻인 반면, You can't...은 '넌 ~하면 안 돼'라는 금지의 뜻입니다. 상대 방에 대한 금지뿐만 아니라 누구나 지켜야할 규칙이나 규범을 말할 때도 사용할 수 있어요.

거기는 들어가면 안 돼.

06 **You can't** go in there.

면허 없이는 운전하면 안 돼.

07 **You can't** drive without a license. ▶ license 면허(증)

이 안에서는 사진 찍으면 안 돼요.

08 **You can't** take photos in here.

도서관에서 큰 소리로 말하면 안 돼요.

09 **You can't** talk loudly in the library.

그건 허락 없이 먹으면 안 돼요.

10 **You can't** eat it without permission. ▶ permission 허락, 허가

 Speaking Tip

'막', '마구'라는 의미를 덧붙이기 위해 just를 넣기도 합니다. '그렇게 그냥 막 들어오시면 안 돼요.'라고 말하 려면 You can't just come in here like that.이라고 해 보세요.

하루 10문장 입에 붙이기

Pattern A

내가 ~해도 돼?
Can I...?

어떤 행동을 하기 전에 해도 되는지 허가를 구하는 표현입니다. Can I...? 뒤에 동사원형을 붙여서 정중하게 물어 보세요.

나 여기 앉아도 **돼?**

01 **Can I sit here?**

뭐 좀 물어봐도 **돼?**

02 **Can I ask you something?**

반바지 입고 슬리퍼 신어도 **되나요?**

03 **Can I wear shorts and slippers?**

제가 작업한 거 지금 보여 드려도 **될까요?**

04 **Can I show you my work now?**

이거 제 소셜 미디어에 올려도 **되나요?**

05 **Can I post this on my social media?**

Speaking Tip

의미가 충분히 통하는 상황이라면 Can I 뒤에 동사를 붙이지 않아도 됩니다. 예를 들어 어떤 물건을 집어 들면서 써도 되는지 물을 때 Can I?라고만 말해도 의미가 충분히 전달됩니다.

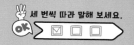
우리 ~해도 될까?
Can we...?

Can I...?는 내가 어떤 행동을 해도 되는지 묻는 표현이고, Can we...?는 우리가 어떤 행동을 해도 되는지 묻는 표현이에요. '우리 ~해도 될까?'라고 제안할 때 사용해 보세요.

우리 제목을 바꿔도 될까?

06 **Can we change the title?**★

우리 여행을 연기해도 될까?

07 **Can we postpone our trip?** ▶ postpone 연기하다

우리 잠깐 앉아도 될까요?

08 **Can we sit down for a second?** ▶ for a second 잠시, 잠깐

우리 내일 아침에 다시 만나도 될까요?

09 **Can we meet again tomorrow morning?**

이것에 대해서는 나중에 이야기해도 될까요?

10 **Can we talk about this later?**

Speaking Tip

직접적으로 제안할 때는 Can we...?로 표현하면 되는데, 조심스럽게 '~해도 괜찮을까요?'라고 말하고 싶을 때는 Will it be okay if...?를 써 보세요. Will it be okay if we change the title?(제목을 바꿔도 괜찮을까요?)

Pattern A

~하다니 믿기지 않아
I can't believe...

너무 놀라워서 믿기 어려운 일, 말도 안 된다고 생각되는 일에 대해 쓰는 패턴이에요. I can't believe 뒤에 믿을 수 없는 일을 '주어＋동사' 형태로 붙여 주세요.

겨들이 사귄다니 말도 안 돼.
01 **I can't believe they are dating.**

그런 일이 일어났다니 믿기지 않아.
02 **I can't believe that happened.**

그 애가 나에 대해서 그런 말을 했다니 믿기지 않아.
03 **I can't believe she said that about me.**

당신이 그녀를 해고했다니 믿기지 않아요.
04 **I can't believe you fired her.** ▶ fire 해고하다

당신이 그 사람을 직접 만났다니 말도 안 돼요.
05 **I can't believe you met him in person.** ▶ in person 직접

Speaking Tip

believe는 어떤 내용이 '사실이라고 믿다' 또는 어떤 사람이 '하는 말을 믿다'라는 뜻이기 때문에, 어떤 사람의 말에 신뢰가 안 간다고 말하고 싶을 때는 I don't believe him.이라고 하면 됩니다.

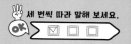

Pattern B

난 빨리 ~하고 싶어
I can't wait to...

직역하면 '~하는 것을 기다릴 수 없다'는 뜻이에요. 뭔가가 너무 기대되고 어서 빨리 하고 싶어서 기다리기 힘들 때 이 패턴을 써서 말해 보세요.

빨리 너를 보고 싶어.

[06] **I can't wait to** see you.

이 영화 빨리 보고 싶어.

[07] **I can't wait to** watch this movie.

다음 달에 이사 나가는 게 너무 기대돼.

[08] **I can't wait to** move out next month.

빨리 모두에게 이 좋은 소식을 알리고 싶어요.

[09] **I can't wait to** tell everyone the good news.

가족과 함께 그곳에 빨리 다시 가고 싶어요.

[10] **I can't wait to** go back there with my family.

Speaking Tip

자신이 뭔가를 빨리 하고 싶은 것이 아니라, 다른 무언가나 누군가가 빨리 하기를 원하는 경우에는 for를 써서 'I can't wait for 목적어+to 동사원형' 형태를 써 주세요. I can't wait for it to end.(나는 그게 빨리 끝났으면 좋겠어.)

난 ~할지도 몰라
I might...

might는 '~할지도 모른다', '~할 수도 있다'라는 뜻의 조동사예요. 확실하지 않은 일에 대해 추측하면서 얘기할 때 might 뒤에 동사원형을 붙여서 말해 보세요. 뒤에 have to(~해야 한다)를 붙인 I might have to...(난 ~해야 할지도 몰라) 형태로 자주 쓰여요.

난 약간 늦을지도 몰라.

01 **I might** be slightly late. ▶ **slightly** 약간, 조금

그걸 여기 어딘가 갖고 있을지도 몰라.

02 **I might** have it somewhere here.

다음 달에 노트북을 새로 살 수도 있어.

03 **I might** buy a new laptop next month.

그날 일해야 할 수도 있어.

04 **I might have to** work that day.

그 주문을 취소해야 할지도 몰라요.

05 **I might have to** cancel the order.

Speaking Tip

'~했는지도 몰라'라고 과거에 대한 추측을 말할 때는 'I might have+과거분사'를 씁니다. I might have made a mistake.(내가 실수를 했는지도 몰라.)

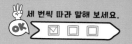
Pattern B

난 ~ 안 할지도 몰라

I might not...

조동사의 부정문을 만들 때는 조동사 뒤에 not을 쓰면 됩니다. I might...(난 ~할지도 몰라) 뒤에 not을 붙이면 '난 ~ 안 할지도 몰라', '난 ~ 안 할 수도 있어'라는 뜻이에요.

난 그거 안 쓸지도 몰라.

06 **I might not** use it.

난 거기 안 갈지도 몰라.

07 **I might not** go there.

난 컴퓨터가 필요 **없을** 수도 있어.

08 **I might not** need a computer.

이제 **저한테** 그게 **없을지도** 몰라요.

09 **I might not** have it anymore.

저는 거기 못 갈 수도 있어요.

10 **I might not** be able to go there.

Speaking Tip

I might not... 뒤에 '~에 따라서'라는 뜻의 depending on이 종종 쓰입니다. I might not go, depending on the weather.(날씨에 따라서 안 갈지도 몰라.)

다음을 영어로 말해 보세요. 5초 안에 말하면 성공!

01. 이걸 누가 썼는지 궁금해. 🎤

02. 내일 비가 올지 궁금해. 🎤

03. 내가 다시 전화할게. 🎤

04. 난 아무 말도 안 할 거야. 🎤

05. 부탁 하나 들어주시겠어요? 🎤

06. 네 말이 안 들려. 🎤

07. 이 안에서는 사진 찍으면 안 돼요. 🎤

08. 뭐 좀 물어봐도 돼? 🎤

09. 이 영화 빨리 보고 싶어. 🎤

10. 그날 일해야 할 수도 있어. 🎤

정답

01. I wonder who wrote this. 02. I wonder if it will rain tomorrow. 03. I'll call you back. 04. I won't say anything. 05. Would you do me a favor? 06. I can't hear you. 07. You can't take photos in here. 08. Can I ask you something? 09. I can't wait to watch this movie. 10. I might have to work that day.

· Day · 061~070

"이 과가 끝나면 여러분도
아래와 같은 말을 영어로 말할 수 있게 됩니다!"

Pattern A

넌 ~할 수도 있어
You might...

You might...는 '넌 ~할지도 몰라', '넌 ~할 수도 있어'라는 뜻으로, 상대방에게 주의를 줄 때 쓰기 좋은 패턴입니다. 뒤에 have to(~해야 한다)를 붙인 You might have to...(넌 ~해야 할 수도 있어) 형태로 자주 쓰여요.

넌 다칠 수도 있어.

01 **You might** get hurt.

넌 휴대폰을 떨어뜨릴 수도 있어.

02 **You might** drop your phone.

넌 그걸 산 걸 후회할지도 몰라.

03 **You might** regret buying it.

벌금을 내야 할지도 몰라요.

04 **You might have to** pay a fine. ▶ **pay a fine** 벌금을 내다

좀 더 기다려야 할 수도 있어요.

05 **You might have to** wait a little more.

Speaking Tip

'~하는 게 좋을 수도 있어'라는 의미로 want to를 넣은 You might want to...도 자주 쓰입니다. You might want to check again.(다시 확인해 보는 게 좋을 거야.)

Pattern B

그건 ~일 수도 있어
It might be...

'그것'이라는 사물뿐만이 아니라 상황이나 날씨 등을 It으로 받아서 추측을 나타내는 표현이에요. It might be 뒤에 형용사나 명사를 붙여서 말해 보세요.

그건 품절일 수도 있어.

[06] **It might be** sold out.

그건 아이들에게 너무 위험할 수도 있어.

[07] **It might be** too dangerous for kids.

바깥이 추울지도 몰라.

[08] **It might be** cold outside.

그건 제 친구 재킷일 수도 있어요.

[09] **It might be** my friend's jacket.

예약을 취소하기에 너무 늦었을지도 몰라요.

[10] **It might be** too late to cancel the reservation.

Speaking Tip

가벼운 조언을 할 때 '~하는 게 좋은 생각일 거야'라는 의미로 It might be a good idea to...를 자주 씁니다. It might be a good idea to keep the lights on.(불을 켜 두는 게 좋을 수도 있어.)

Pattern A

그건 ~가 아닐 수도 있어

It might not be...

It might be...가 '그건 ~일 수도 있어'라는 뜻이므로, It might not be...는 '그건 ~이 아닐 수도 있어'라는 뜻이에요. 상황에 따라 '그건 ~에 없을 수도 있어'라는 뜻으로 쓰이기도 합니다.

이번 주가 아닐 수도 있어.

01 It might not be this week.

그건 그녀의 잘못이 아닐 수도 있어.

02 It might not be her fault. ▶ fault 잘못

그렇게 흥미롭지 않을 수도 있어.

03 It might not be that interesting.

아직 준비가 안 되어 있을 수도 있어요.

04 It might not be ready yet.

그게 거기에 없을 수도 있어요.

05 It might not be there.

Speaking Tip

'~일 수도 있고 아닐 수도 있다'라는 말을 자주 하지요. 이때는 might과 비슷한 의미인 may를 이용해서 말합니다. 예를 들어 '여기 있을 수도 있고, 없을 수도 있어.'는 It may or may not be here.라고 하면 됩니다.

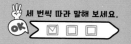
Pattern B

난 ~해야 돼

I should...

should는 '~해야 한다'라는 뜻의 조동사예요. 꼭 해야 하는 강한 의무가 아니라 '~하는 것이 좋겠어', '~해야겠어' 정도의 약한 의무를 나타낸다고 보면 됩니다.

나 휴대폰 충전해야 돼.

[06] **I should** charge my phone. ▶ **charge** 충전하다

난 운동을 더 해야 돼.

[07] **I should** exercise more.

난 새로운 취미를 찾아야겠어.

[08] **I should** find a new hobby.

저는 숙제 먼저 끝내야 해요.

[09] **I should** finish my homework first.

그 사람한테 먼저 물어보는 것이 좋겠어요.

[10] **I should** ask him first.

Speaking Tip

I should를 좀 더 부드럽게 만들어 주기 위해서 앞에 maybe(어쩌면)를 붙이기도 합니다. Maybe I should buy this one instead.(어쩌면 대신 이걸 사야 할지도 모르겠어.)

Pattern A

난 ～하면 안 돼
I shouldn't...

shouldn't은 should not의 줄임말이에요. 그래서 I shouldn't... 하면 '난 ～하면 안 돼'라는 뜻이에요. 이 역시 절대 안 된다는 강한 금지가 아니라 '난 ～ 안 하는 게 좋겠어' 정도의 어감이라고 보면 됩니다.

난 시간을 낭비하면 안 돼.

01 **I shouldn't** waste time.

난 여기 있으면 안 돼.

02 **I shouldn't** be here.

난 바보같은 행동을 하면 안 돼.

03 **I shouldn't** do anything stupid.

저는 거기에 돈을 너무 많이 쓰면 안 돼요.

04 **I shouldn't** spend too much money on it.

저는 그 사람 말을 너무 쉽게 믿으면 안 돼요.

05 **I shouldn't** believe him too easily.

Speaking Tip

shouldn't은 '～하면 안 된다'라는 뜻 외에 '아마 ～하지 않을 거야'라는 뜻으로 쓰일 때도 있어요. 그래서 I shouldn't be long.이라고 하면 '길면 안 된다.'가 아니고 '오래 걸리지는 않을 거야.' 또는 '금방 올 거야.'라는 뜻이 됩니다.

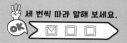
Pattern B

난 ~ 안 하는 게 좋을 것 같아
I probably shouldn't...

probably는 '아마'라는 뜻이에요. 그래서 이 패턴을 직역하면 '난 아마 ~하지 않아야 한다'라는 뜻이에요. 즉, '난 ~ 안 하는 게 좋을 것 같아', '난 ~하면 안 될 것 같아'라고 조심스럽게 말하는 표현이에요.

나 이거 안 사는 게 좋을 것 같아.

06   **I probably shouldn't** buy this.

내가 이거 읽으면 안 될 것 같아.

07   **I probably shouldn't** read this.

나 오늘 저녁에는 외출 안 하는 게 좋을 것 같아.

08   **I probably shouldn't** go out tonight.

그녀에게 그 얘기를 안 하는 게 좋을 것 같아요.

09   **I probably shouldn't** tell her about it.

거기에 대해서는 제가 거짓말하면 안 될 것 같아요.

10   **I probably shouldn't** lie about it.

Speaking Tip

이 패턴에 probably 대신 definitely를 넣으면 '확실히/절대로 ~하면 안 될 것 같아'라는 뜻이 됩니다.
I definitely shouldn't be here.(나는 정말 여기 있으면 안 될 것 같아.)

Pattern A

넌 ~해야 돼
You should...

You should...는 '넌 ~해야 돼', '넌 ~하는 것이 좋겠어'라는 뜻이에요. 상대방에게 조언을 해주거나 충고를 해줄 때 가장 무난하게 쓸 수 있는 표현이에요.

넌 그걸 내다 버려야 돼.

01 **You should throw it out.** ▶ **throw out** 버리다

넌 음식을 더 사야 돼.

02 **You should buy more food.**

넌 고맙게 여겨야 해.

03 **You should be thankful.** ▶ **thankful** 고맙게 생각하는

상사한테 먼저 물어보셔야 돼요.

04 **You should ask your boss first.**

마음을 정하셔야 돼요.

05 **You should make up your mind.** ▶ **make up one's mind** 결심하다

Speaking Tip

가볍게 '망설이지 말고 그냥 ~해'라는 의미로 쓰기 좋은 표현으로 You should just...도 있습니다. You should just tell her.(그냥 그녀한테 말해.) You should just get a new one.(그냥 새 걸로 사.)

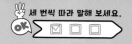
Pattern B

넌 ~하면 안 돼
You shouldn't...

shouldn't은 should not의 줄임말이라고 했지요? 따라서 You shouldn't... 하면 '넌 ~하면 안 돼'라는 뜻이에요. 상대방에게 뭔가를 하지 말라고 조언하거나 충고할 때 무난하게 사용할 수 있는 패턴입니다.

그거 만지면 안 돼.

06 **You shouldn't** touch it.

그 사람을 피하면 안 돼.

07 **You shouldn't** avoid him.

여기 계시면 안 돼요.

08 **You shouldn't** be here.

부모님을 걱정하게 하면 안 돼.

09 **You shouldn't** make your parents worried.

밤새 불을 켜 놓으면 안 돼요.

10 **You shouldn't** keep the lights on all night.

Speaking Tip

You shouldn't...보다 한 단계 더 강하게 말하고 싶다면, not을 never로 바꿔서 You should never...라고 말하면 됩니다. You should never trust him.(그 사람을 절대 신뢰하면 안 돼요.)

하루 10문장 입에 붙이기

Pattern A

내가 ～해야 할까?
Should I...?

I should...의 순서를 바꿔서 Should I...?라고 하면 '내가 ～해야 할까?'라는 뜻의 의문문이 됩니다. 내가 뭔가를 하는 것이 좋을지 상대방의 의견을 묻는 표현이에요.

나 여기서 기다릴**까?**

01 **Should I wait here?**

여기에 주차할**까요?**

02 **Should I park here?**

파일들을 지워**야 할까?**

03 **Should I delete the files?**

제가 가서 인사를 해**야 할까요?**

04 **Should I go and say hi?**

제가 그 사람한테 직접 연락해**야 할까요?**

05 **Should I contact him myself?** ▶ contact 연락하다

Speaking Tip

'제가 어떻게 하면 좋을까요?', '뭘 하면 좋을까요?'라고 묻고 싶을 때는 앞에 what을 붙여서 What should I do?라고 말하면 됩니다.

우리 ~해야 할까?
Should we...?

We should...는 '우리는 ~해야 해'라는 뜻이고, 순서를 바꿔서 Should we...?라고 하면 '우리 ~해야 할까?'라는 뜻의 의문문이 됩니다. 우리가 뭔가를 하는 것이 좋을지 의견을 묻는 표현이에요.

사람들을 더 초대해야 할까?

[06] **Should we invite more people?**

우리 번갈아가면서 해야 할까?

[07] **Should we take turns?** ▶ **take turns** 번갈아 하다

우리 내일 다시 연습해야 할까?

[08] **Should we practice again tomorrow?**

복사본을 더 만들어야 할까요?

[09] **Should we make more copies?**

내일은 좀 더 일찍 만나야 할까요?

[10] **Should we meet a little earlier tomorrow?**

Speaking Tip

> Should we...?는 '우리 ~해야 할까?'라고 의견을 묻는 용도로 많이 쓰여요. 좀 더 직접적으로 '우리 ~해야 되나요?'라고 묻고 싶을 때는 Do we have to...?를 쓰면 좋습니다.

Pattern A

우리 ~하는 게 좋겠어
We'd better...

We'd better는 We had better의 줄임말이에요. had better는 '~하는 편이 낫다', '~하는 게 좋다'라는 뜻이에요. 그렇지 않으면 손해를 볼 수도 있다는 뉘앙스를 갖고 있어요. We'd에서 'd 부분은 아주 짧게 발음되어 안 들릴 때가 많아요.

우리 출발하는 게 좋겠어.

01 **We'd better get going.**

우리 도움을 요청하는 게 좋겠어.

02 **We'd better ask for help.**

먼저 날씨를 확인하는 게 좋겠어.

03 **We'd better check the weather first.**

우리 여기 좀 더 있는 게 좋겠어요.

04 **We'd better stay here a little longer.**

우리 새로운 계획을 마련하는 게 좋겠어요.

05 **We'd better come up with a new plan.**
▶ **come up with** (해답 등을) 찾아내다, 제안하다

Speaking Tip

We'd better...와 함께 not을 쓰면 '우리 ~하지 않는 게 좋겠어'라는 뜻이 됩니다. '우리 여기 오래 있지 않는 게 좋겠어.'라고 말하고 싶다면 We'd better not stay here for long.이라고 해 보세요.

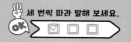
Pattern B

난 ~해야 돼
I have to...

have to는 '~해야 한다'라는 뜻으로, should보다 강한 의무를 나타내요. 꼭 해야 하는 일이라면 should보다는 have to를 써서 말하세요. have to 뒤에도 동사원형을 쓰면 됩니다.

나 표를 사야 돼.

[06] I have to buy a ticket.

나 화장실 가야 돼.

[07] I have to use the restroom.

나 감기약 먹어야 돼.

[08] I have to take my cold medicine.

저는 시간 맞춰 가야 돼요.

[09] I have to be on time.

난 이걸 곧 고쳐야 돼요.

[10] I have to get this fixed soon.

Speaking Tip

I have to... 대신 I have got to...를 쓸 수도 있어요. 이것을 줄인 I've got to...라는 표현이 흔히 쓰이는데, 이를 더 줄여서 I gotta...처럼 발음하는 사람도 많습니다.

Pattern A

난 ~해야 했어
I had to...

have to가 현재 해야 하는 일을 가리킨다면, 과거형인 had to는 과거에 해야 해서 했던 일을 가리킵니다. 단순하게 해야 했던 일뿐만 아니라, 싫지만 어쩔 수 없이 해야 했던 일도 표현할 수 있습니다.

난 택시를 타야 했어.

01 **I had to take a taxi.**

난 여행을 취소해야 했어.

02 **I had to cancel the trip.**

난 세 시간 동안 기다려야 했어.

03 **I had to wait for 3 hours.**

그걸 처음부터 다시 해야 했어요.

04 **I had to do it all over again.**

저는 토요일에 일을 해야 했어요.

05 **I had to work on Saturdays.**

Speaking Tip

해야만 해서 했던 일에 대해서 말할 때 I had to...를 이용해 설명할 수 있는데, 만약 '그것 외에는 달리 방법이 없었어.'라고 말하고 싶다면 I had no other choice.라고 하면 됩니다.

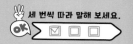
Pattern B

넌 ~해야 돼
You have to...

상대방이 해야 하는 일을 말할 때 쓰는 패턴이에요. You should...는 부드러운 어조로 조언이나 충고를 하는 거라면 You have to...는 그보다 강한 어조로 말한다는 차이가 있어요.

한 개만 골라야 돼.

06 **You have to choose just one.**

네 빨래는 네가 해야 돼.

07 **You have to do your own laundry.**

여기에 먼저 서명을 하셔야 돼요.

08 **You have to sign this first.**

그거 오늘밤까지 끝내야 해요.

09 **You have to finish it by tonight.**

저도 데려가셔야 돼요.

10 **You have to bring me with you.**

Speaking Tip

You have to...에 just를 넣으면 '그냥 ~하면 돼'라는 뜻이 됩니다. 만약 '그냥 이 버튼을 누르면 돼.'라고 말하고 싶으면 You just have to press this button.이라고 하면 됩니다.

Pattern A

내가 ～해야 돼?
Do I have to...?

Do I have to...?는 I have to...의 의문문 형태입니다. 내가 뭔가를 해야 하는지 묻는 질문이에요. 말투에 따라서는 불만을 나타내기도 합니다.

옷을 차려입어야 하나?

01 **Do I have to dress up?** ▶ **dress up** 옷을 차려입다

내가 거기에 직접 가야 돼?

02 **Do I have to go there myself?**

그 질문에 지금 대답해야 돼?

03 **Do I have to answer that question now?**

예약을 해야 하나요?

04 **Do I have to make a reservation?**

그건 추가로 돈을 내야 하나요?

05 **Do I have to pay extra for that?** ▶ **extra** 추가로

Speaking Tip

불만을 나타내는 느낌을 더 살리고 싶다면 have to 앞에 really를 넣어서 Do I really have to...?라고 해 보세요. Do I really have to explain it again?(내가 정말 그걸 다시 설명해야 돼?)

넌 ~ 안 해도 돼

You don't have to...

I don't have to...는 '난 ~ 안 해도 돼'라는 뜻이고, You don't have to...는 '넌 ~ 안 해도 돼'라는 뜻이에요. 앞에서 배운 You don't need to...와 비슷한 의미라고 보면 됩니다.

나 안 기다려도 돼.

06 **You don't have to** wait for me.

넌 아무것도 안 가져와도 돼.

07 **You don't have to** bring anything.

그거 다시 할 필요 없어.

08 **You don't have to** do that again.

그 점에 대해서는 걱정 안 해도 돼요.

09 **You don't have to** worry about it.

하기 싫으면 안 해도 돼요.

10 **You don't have to** do it if you don't want to.

Speaking Tip

선택의 여지를 주면서 '꼭 할 필요는 없는데, 원하면 해도 돼.'라고 말하고 싶다면 You don't have to, but if you want, you can do it.이라고 하면 됩니다.

Pattern A

우리는 ~해야 할 수도 있어
We might have to...

might(~일 수도 있다)와 have to(~해야 한다)가 만난 might have to는 '확실하지는 않지만 어쩌면 ~해야 할 수도 있다'라는 뜻이에요.

우리는 일정을 다시 잡아야 할 수도 있어.

01 **We might have to reschedule.** ▶ **reschedule** 일정을 다시 잡다

우리가 그걸 직접 해야 할 수도 있어.

02 **We might have to do it ourselves.**

컴퓨터를 재부팅해야 할 수도 있어.

03 **We might have to reboot your computer.** ▶ **reboot** 재부팅하다

내일까지 기다려야 될 수도 있어요.

04 **We might have to wait until tomorrow.**

차를 여기에 두고 가야 할 수도 있어요.

05 **We might have to leave our car here.**

Speaking Tip

만약 상대방이 '우리 그거 다시 해야 돼?'라는 뜻으로 Do we have to do it again?이라고 물었을 때 '그럴 수도 있어.'라고 대답하려면 간단히 We might.라고만 해도 됩니다.

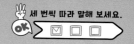
Pattern B

넌 ~해야 돼
You must...

should보다 have to가 더 강한 의무를 나타내고, have to보다 must(~해야 하다)가 더 강한 의무를 나타냅니다. '반드시 해야 한다', '안 하면 안 된다'와 같이 강하게 말할 때는 must를 써서 말하세요.

헬멧을 착용해야 돼.

[06] **You must** wear a helmet.

규칙을 준수해야 돼.

[07] **You must** follow the rules.

먼저 지불을 하셔야 돼요.

[08] **You must** pay first.

예약을 하셔야 합니다.

[09] **You must** make a reservation.

이 양식을 작성하셔야 합니다.

[10] **You must** complete this form.

▶ **complete** (양식 · 서식 등을 모두) 작성하다   **form** 양식, 서식

Speaking Tip

절대 해서는 안 되는 일에 대해 말하고 싶을 때는 must 뒤에 not을 넣어 You must not...이라고 말해 보세요. You must not touch anything in here.(이 안에 있는 것은 아무것도 만지면 안 돼요.)

넌 분명 ~하겠구나
You must be...

must에는 '~해야 하다' 외에 '틀림없이 ~일 것이다'라는 강한 추측의 의미도 있어요. 따라서 You must be... 하면 '넌 틀림없이/분명히 ~하겠구나'라는 뜻이 됩니다.

(넌 **틀림없이**) 기대되겠다.

[01] **You must be excited.**

(넌 **틀림없이**) 정말 피곤하겠다.

[02] **You must be really tired.**

(넌 **틀림없이**) 스트레스를 정말 많이 **받겠구나**.

[03] **You must be really stressed.**

당신은 **분명** 전문 음악가인가 **보군요**.

[04] **You must be a professional musician.** ▶ **professional** 전문적인

그녀가 이야기하던 사람이 **분명** 당신이겠군요.

[05] **You must be the person she was talking about.**

Speaking Tip

주어를 you 대신 it을 쓴 It must be...(그건 분명히 ~겠네)도 자주 사용됩니다. 그런데 이 표현의 경우 구어체에서는 it을 자주 생략합니다. '(그건) 분명 여기겠네.'라고 말할 때 it을 생략하고 Must be here.라 고 말하기도 합니다.

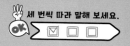

Pattern B

그건 분명 ~하겠네
That must be...

상대방에 대한 강한 추측은 You must be...를 쓴다고 했지요? 앞에 보이는 사물이나 상황, 좀 전에 들은 말 등에 대해 강하게 추측할 때는 주어를 That으로 받아서 That must be...를 사용합니다.

그거 (틀림없이) 고통스럽겠네.
[06] **That must be** painful.

그거 (틀림없이) 멋지겠네.
[07] **That must be** amazing.

그거 (분명) 불편하겠네요.
[08] **That must be** uncomfortable. ▶ uncomfortable 불편한

그건 (분명) 멋진 경험이겠네요.
[09] **That must be** a great experience.

그거 (분명) 엄청 비싼 자전거겠네요.
[10] **That must be** a really expensive bike.

Speaking Tip

That must be...와 비슷한 의미의 표현으로 '~일 거라고 확신해'라는 뜻의 I'm sure가 있습니다. That must be a great experience.는 I'm sure it's a great experience.라고 바꿔 말할 수 있어요.

다음을 영어로 말해 보세요. 5초 안에 말하면 성공!

01. 바깥이 추울지도 몰라.

02. 그 사람한테 먼저 물어보는 것이 좋겠어요.

03. 나 이거 안 사는 게 좋을 것 같아.

04. 밤새 불을 켜 놓으면 안 돼요.

05. 나 여기서 기다릴까?

06. 우리 출발하는 게 좋겠어.

07. 그거 오늘밤까지 끝내야 해요.

08. 하기 싫으면 안 해도 돼요.

09. 헬멧을 착용해야 돼.

10. 정말 피곤하겠다.

· Day · 071~080

" 이 과가 끝나면 여러분도
아래와 같은 말을 영어로 말할 수 있게 됩니다! "

Pattern A

넌 분명 ~했겠구나
You must have p.p.

과거의 사실에 대해 강한 추측을 할 때는 must 뒤에 'have p.p.'를 쓰면 됩니다. must와 같은 조동사 바로 뒤에는 동사를 과거형으로 쓰지 않기 때문이에요. You must have p.p.는 '넌 분명 ~했겠구나'라는 뜻이에요.

넌 분명히 그걸 집에 놓고 왔을 거야.

01 You must have left it at home.

넌 분명히 전에 여기에 와 봤을 거야.

02 You must have been here before.

그건 분명 꿈이었을 거야.

03 You must have dreamed it.

충전하는 걸 잊어버렸나 보네.

04 You must have forgotten to charge it.

▶ **forgotten** forget(잊어버리다)의 과거분사형

그걸 어딘가에 떨어뜨리셨나 봐요.

05 You must have dropped it somewhere.

Speaking Tip

You must have가 워낙 자주 쓰이는 표현이다 보니 빠르게 발음될 때가 많습니다. must 다음에 나오는 have가 of처럼 발음되는 경향이 있어요.

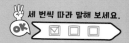
Pattern B

내가 분명 ~했었나 봐

I must have p.p.

주어를 I로 바꿔서 연습해 봐요. '내가 잠들었었나 봐.', '내가 실수했었나 봐.'처럼 내가 과거에 한 행동에 대해 강한 추측을 할 때는 I must 뒤에 'have p.p.'를 쓰면 됩니다.

내가 잠이 들었었나 봐.

06 **I must have fallen** asleep. ▶ **fall asleep** 잠들다

내가 실수를 했었나 봐.

07 **I must have made** a mistake. ▶ **make a mistake** 실수하다

내가 뭔가를 눌렀나 봐.

08 **I must have pressed** something.

제가 뭔가를 잘못 말했나 봐요.

09 **I must have said** something wrong.

제가 실수로 파일을 지웠나 봐요.

10 **I must have deleted** the file by mistake.
▶ **by mistake** 실수로

Speaking Tip

'내가 ~했었나 봐'라는 의미로 I must have p.p. 대신 I guess를 쓸 수 있습니다. 과거분사 형태가 떠오르지 않을 때는 I guess를 써서 I guess I fell asleep.(내가 잠이 들었었나 봐.)과 같이 말해 보세요.

Pattern A

분명 ~가 있었을 거야
There must have been...

There is...는 '~이 있다'라는 뜻이지요. '(현재) 분명 ~가 있을 거야'라고 하려면 must를 써서 There must be...라고 하면 되고, '(과거에) 분명 ~가 있었을 거야'라고 하려면 There must have been...을 쓰면 됩니다.

분명 이유가 있었을 거야.

01 **There must have been** a reason.

분명 오해가 있었을 거야.

02 **There must have been** a misunderstanding.
▶ **misunderstanding** 오해

분명 사고가 있었나 봐.

03 **There must have been** an accident.

다른 뭔가가 분명 있었을 거예요.

04 **There must have been** something else.

적어도 100명은 있었을 거예요.

05 **There must have been** at least 100 people.

Speaking Tip

There must have been...과 비슷한 표현으로 I'm sure there was...를 쓸 수도 있어요. There must have been a reason.은 I'm sure there was a reason.(분명 이유가 있었을 거야.)이라고 할 수 있어요.

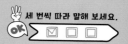
Pattern B

넌 뭘 ~해?
What do you...?

의문사 what(무엇)을 이용한 현재형 의문문이에요. 이 패턴은 부사 usually(보통)와 함께 쓰여 What do you usually...?(보통 무엇을 ~해?) 형태로 쓰일 때가 많아요. 뒤에 다양한 동사를 넣어서 what 의문문을 만들어 보세요.

무슨 뜻이야?

06 **What do you mean?**

생일 선물로 뭐 받고 싶어?

07 **What do you want for your birthday?**

그것에 대해서 어떻게 생각해?

08 **What do you think about it?**

점심에 보통 뭐 먹어?

09 **What do you usually eat for lunch?**

주말엔 보통 뭐 하세요?

10 **What do you usually do on weekends?**

Speaking Tip

What do you를 빠르게 발음하면 [와루유]처럼 들립니다. 이는 What are you가 빠르게 발음될 때와 아주 비슷하게 들릴 수 있습니다. 문장의 나머지 내용을 보고 구분해야 해요.

Pattern A

넌 뭘 ~하는 걸 좋아해?
What do you like to...?

What do you like? 하면 '넌 뭘 좋아해?'라는 질문이 됩니다. 이 뒤에 to를 붙이면 '넌 뭘 ~하는 걸 좋아해?'라는 질문을 만들 수 있어요. 상대방이 뭘 먹는 걸 좋아하는지, 뭘 보는 걸 좋아하는지 등을 물어보세요.

뭐 먹는 거 좋아해?
[01] **What do you like to eat?**

뭐 읽는 거 좋아해?
[02] **What do you like to read?**

뭐 그리는 거 좋아해?
[03] **What do you like to draw?**

TV에서 뭐 보는 거 좋아해?
[04] **What do you like to watch on TV?**

한가할 때 뭐 하는 걸 좋아하나요?
[05] **What do you like to do when you're free?**

Speaking Tip

What do you like to...?와 What would you like to...?는 형태는 비슷하지만 뜻이 전혀 다릅니다. What would you like to...?는 '뭘 ~하고 싶어?'라는 뜻이니 구분해서 사용하세요.

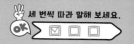
Pattern B

넌 뭘 ~하고 있어?
What are you -ing?

현재 뭘 하고 있는지 물을 때는 what 뒤에 현재진행형을 쓰면 됩니다. '넌 뭘 ~하고 있어?'라고 물을 때는 What are you 뒤에 현재분사(동사+-ing)를 붙여서 물어보세요.

뭐 그리고 있어?
[06] **What are you drawing?**

뭐 마시고 있어?
[07] **What are you drinking?**

넌 무슨 말을 하고 있는 거야?
[08] **What are you talking about?**

무슨 이야기가 하고 싶은 거예요?
[09] **What are you trying to say?**

휴대폰으로 뭐 보고 있어요?
[10] **What are you watching on your phone?**

Speaking Tip

이 패턴은 지금 하고 있는 것에 대해 물을 때도 쓸 수 있지만, 가까운 미래에 하려고 하는 일이나 계획에 대해서 물을 때도 쓸 수 있어요. What are you doing tomorrow?(내일 뭐 할 거야?)

Pattern A

넌 뭘 ~할 거야?
What will you...?

미래에 뭘 할지 물으려면 what 뒤에 미래 조동사 will을 붙여서 이렇게 물으면 됩니다. 뒤에 동사를 붙여서 '뭘 살 거야?', '뭘 먹을 거야?' 등을 물어보세요.

내일 뭐 입을 거야?
[01] What will you wear tomorrow?

가게에서 뭐 살 거야?
[02] What will you buy at the store?

여행 가방에 뭐 쌀 거야?
[03] What will you pack in your suitcase? ▶ **suitcase** 여행 가방

상사한테 뭐라고 말할 거예요?
[04] What will you say to your boss?

그 사람 생일 선물 뭐 줄 거예요?
[05] What will you get him for his birthday?

Speaking Tip

실제로 일어날 확률이 높은 일은 What will you...?라고 물으면 되는데, 가정을 하면서 '~라면 어떻게 하겠어?'라고 묻고 싶을 때는 would를 써서 What would you do?(너라면 어떻게 하겠어?)라고 할 수 있어요.

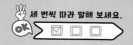

Pattern B

제일 좋아하는 ~는 뭐야?
What's your favorite...?

favorite은 '매우 좋아하는', '특히 좋아하는'이라는 뜻이에요. 이 패턴 뒤에 movie, color 등의 명사를 붙여서 좋아하는 영화, 좋아하는 색 등을 물어볼 수 있어요.

제일 좋아하는 영화가 뭐야?
06 What's your favorite movie?

가장 좋아하는 색깔이 뭐야?
07 What's your favorite color?

제일 좋아하는 만화가 뭐야?
08 What's your favorite cartoon?
▶ **cartoon** 만화 (영화)

어떤 종류의 휴가를 제일 좋아해요?
09 What's your favorite kind of vacation?

주말을 어떻게 보내는 걸 제일 좋아하세요?
10 What's your favorite way to spend the weekend?

Speaking Tip

favorite 자체도 '가장 좋아하는'이라는 뜻이지만, '정말 그중에서도 제일'이라는 의미를 강조하고 싶을 때는 all-time(역대의)을 붙여 줍니다. What's your all-time favorite movie?(역대급으로 제일 좋아하는 영화가 뭐야?)

Pattern A

제일 좋은 ~는 뭐야?

What's the best...?

best는 '가장 좋은, 최선의'라는 뜻이에요. 가장 좋은 해결책, 가장 좋은 장소 등을 물을 때 이 패턴 뒤에 명사를 붙여서 물어보면 됩니다.

가장 좋은 위치는 어디야?

[01] **What's the best location?** ▶ **location** 위치

넌 어떤 날짜가 제일 좋아?

[02] **What's the best date for you?**

근육을 늘리는 데 가장 좋은 방법이 뭐야?

[03] **What's the best way to gain muscle?**
▶ **gain** 늘리다 **muscle** 근육

이 문제에 대한 제일 좋은 해결책은 뭔가요?

[04] **What's the best solution for this problem?**
▶ **solution** 해결책

우리가 만나기에 제일 좋은 장소는 어디예요?

[05] **What's the best place for us to meet?**

Speaking Tip

제일 좋은 것을 물을 때는 What's the best...?라는 표현을 쓰고, 그냥 '좋은' 것을 물을 때는 What's a good...?을 쓰면 됩니다. What's a good location?(좋은 위치가 어디야?)

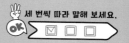
Pattern B

~하려면 어떻게 하면 돼?
What can I do to...?

What can I do?는 '내가 무엇을 할 수 있어?', '내가 어떻게 하면 돼?'라는 뜻이에요. 여기에 to부정사를 붙여서 '~하려면', '~하기 위해서'라는 뜻을 나타낼 수 있어요. 뭔가를 이루기 위해 내가 할 수 있는 것을 물을 때 사용하는 패턴이에요.

내가 어떻게 도울 수 있어?

06 **What can I do to help?**

힘이 더 세지려면 어떻게 하면 될까?

07 **What can I do to get stronger?**

어떻게 하면 여기에서 일할 수 있나요?

08 **What can I do to work here?**

어떻게 하면 영어 실력을 늘릴 수 있나요?

09 **What can I do to improve my English?** ▸ improve 향상시키다

어떻게 하면 좋은 인상을 남길 수 있을까요?

10 **What can I do to leave a good impression?**
▸ impression 인상

Speaking Tip

What can I...?는 기본적으로 '내가 뭘 ~할 수 있을까?'라는 의미죠. 그걸 이용한 재미있는 표현으로 What can I say?가 있습니다. 이는 '내가 무슨 말을 할 수 있겠어?' 즉, '내가 어쩌겠어?', '저는 할 말이 없어요.'라는 뜻입니다.

하루 10문장 입에 붙이기

Pattern A

몇 시에 ~?
What time...?

what time은 '몇 시'라는 뜻이에요. What time is...? 하면 '~은 몇 시야?'라는 뜻이고, What time do you...? 하면 '넌 몇 시에 ~해?'라는 뜻이 됩니다.

회의가 몇 시야?

[01] **What time is the meeting?**

몇 시에 출근해?

[02] **What time do you go to work?**

몇 시에 퇴근해?

[03] **What time do you get off work?** ▶ **get off work** 퇴근하다

가게가 몇 시에 여나요?

[04] **What time does the shop open?**

우리 몇 시에 만날까요?

[05] **What time shall we meet?**

Speaking Tip

'언제'냐고 묻고 싶을 때는 what time 대신에 when을 쓰면 됩니다. When is the meeting?(회의가 언제야?)

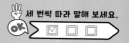
Pattern B

~하면 어떡하지?

What if...?

'비 오면 어떡하지?', '늦으면 어떡하지?'처럼 만일의 사태를 가정하며 걱정할 때 사용하는 표현이에요. 그런 상황이 발생할 경우 어떻게 하면 좋을지 물을 때도 사용할 수 있어요. if 뒤에는 '주어+동사' 형태를 붙이면 됩니다.

내일 비 오면 어떡하지?

[06] **What if it rains tomorrow?**

차가 막히면 어떡하지?

[07] **What if there's traffic?**

그 사람들이 알게 되면 어떡하지?

[08] **What if they find out?** ▶ find out 알아내다, 발견하다

그 사람이 제시간에 도착 안 하면 어떡하죠?

[09] **What if he doesn't arrive on time?** ▶ on time 제시간에, 정시에

그 사람들이 제 아이디어를 마음에 안 들어 하면 어떡하죠?

[10] **What if they don't like my idea?**

Speaking Tip

What if 뒤에 구체적인 내용을 붙이지 않고 말할 때도 있습니다. 상대방이 '그럴 리 없어.'라고 말했는데 '만약 그러면 어떡하냐고.'라며 따지고 싶을 때 What if?라고만 해도 됩니다.

하루 10문장 입에 붙이기

Pattern A

~는 어때?
How's...?

How is...?의 줄임말로, '음식 어때?', '날씨 어때?'처럼 뭔가의 상태를 물을 때 가장 흔하게 쓰는 표현이에요. 만약 주어가 복수라면 How are...?을 써서 How are your parents?(부모님은 어떠셔?)와 같이 쓰면 됩니다.

음식 어때?
01 How's the food?

다리는 좀 어때?
02 How's your leg?

거기 날씨는 어때?
03 How's the weather over there?

새로 시작한 일은 다 **잘돼 가요?**
04 How's everything with your new job?

가족들은 다 **잘 지내나요?**
05 How's everything with your family?

Speaking Tip

How's가 짧게 발음되다 보니 house처럼 들릴 수도 있지만, 발음 차이가 있습니다. How's의 s는 [z]처럼 발음된다는 점에 주의해 주세요.

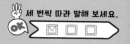

Pattern B

~는 어땠어?

How was...?

How is...?의 과거형입니다. 데이트를 하고 온 사람에게 '데이트 어땠어?'라고 물으려면 과거형인 How was...? 를 써서 물어보면 됩니다.

데이트 어땠어?

[06] **How was your date?**

저녁 식사 어땠어?

[07] **How was dinner?**

공연 어땠어?

[08] **How was the show?**

휴가 어땠어요?

[09] **How was your vacation?**

여기 오는 길에 차 안 막혔어요?

[10] **How was the traffic on your way here?**

어떤 것에 대해 묻는지 상대방도 알고 있다면 간단히 How was it?(어땠어?)이라고 물을 수도 있어요. '어 떻게 됐어요?'라는 뜻으로 How did it go?도 많이 쓰는 표현입니다.

하루 10문장 입에 붙이기

Pattern A

내가 어떻게 ~해?
How do I...?

'어떻게 열어?', '어떻게 고쳐?'처럼 어떻게 해야 할지 방법을 몰라서 누군가에게 물어볼 때 쓰기 좋은 패턴이에요.
How do I 뒤에 다양한 동사를 붙여서 물어보세요.

그거 어떻게 열어?

01 **How do I open it?**

이거 어떻게 고쳐?

02 **How do I fix this?**

이걸 영어로 어떻게 말해요?

03 **How do I say this in English?**

이 차는 시동을 어떻게 걸어요?

04 **How do I start this car?**

어떻게 회원이 되는 거예요?

05 **How do I become a member?**

Speaking Tip

실제로 어떻게 하는지 물을 때 쓰는 말이지만, 약간 따져 물을 때도 쓸 수 있어요. '그걸 내가 어떻게 알아?'라
고 하고 싶을 때는 How do I know?라고 말하면서 I를 강조해 보세요.

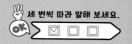
Pattern B

넌 어떻게 ~해?
How do you...?

'네가 개를 어떻게 알아?'처럼 상대방이 뭔가를 어떻게 하는지 방법을 물어보는 표현입니다. How do you 뒤에 다양한 동사를 붙여서 물어보세요.

그 사람을 어떻게 알아?

06 **How do you know him?**

여가 시간을 어떻게 보내?

07 **How do you spend your spare time?** ▸ spare time 여가 시간

어떻게 젊음을 유지하세요?

08 **How do you stay young?**

시간 관리를 어떻게 하세요?

09 **How do you manage your time?** ▸ manage 관리하다

이런 상황을 어떻게 대처하세요?

10 **How do you deal with this kind of situation?**
▸ deal with ~를 다루다, 처리하다

Speaking Tip

상대방이 무언가를 어떻게 하는지 물을 때뿐만 아니라, 일반적으로 어떤 걸 하는 방법을 물을 때도 주어로 you를 씁니다. '이거 어떻게 열어요?'라고 물을 때도 주어로 you를 써서 How do you open this?라고 하면 됩니다.

Pattern A

어떻게 ～했어?
How did you...?

How do you...?의 과거형입니다. '어떻게 만났어?', '어떻게 살을 뺐어?'처럼 상대방이 과거에 뭔가를 어떻게 했는지 물을 때는 과거형인 How did you...?를 이용하세요.

어떻게 할인을 받았어?

01 **How did you get a discount?** ▶ get a discount 할인을 받다

아내를 **어떻게** 만났어?

02 **How did you meet your wife?**

여기에 **어떻게** 이렇게 빨리 왔어?

03 **How did you get here so fast?**

어떻게 살을 그렇게 많이 뺐어요?

04 **How did you lose so much weight?** ▶ lose weight 살을 빼다

제가 여기 있는 거 **어떻게** 알았어요?

05 **How did you know I was here?**

Speaking Tip

뭔가 믿기 힘든 것을 보았을 때 놀라서 '어떻게 그렇게…?' 또는 '그걸 어떻게…?'라고 말을 잇지 못할 때가 있지요. 그럴 때 영어에서도 뒷말을 생략하고 How did you...?라고 말해 보세요.

Pattern B

얼마나 자주 ~해?

How often do you...?

how often은 '얼마나 자주'라는 뜻이에요. 이처럼 how 뒤에 형용사를 붙이면 how long(얼마나 오래), how fast(얼마나 빨리) 등 다양한 질문을 만들 수 있어요.

쇼핑하러 얼마나 자주 가?

06 **How often do you go shopping?**

친구들을 얼마나 자주 봐?

07 **How often do you see your friends?**

이런 회의들을 얼마나 자주 하나요?

08 **How often do you have these meetings?**

기차가 얼마나 자주 오나요?

09 **How often does the train come?**

이런 일이 얼마나 자주 일어나나요?

10 **How often does this happen?**

Speaking Tip

'얼마나 자주' 부분을 빼고 '이런 일이 자주 생기나요?'라고 물을 때도 있지요. 그럴 때는 Does this happen a lot?이라고 물으면 됩니다.

Pattern A

~하는 데 얼마나 걸려?
How long does it take to...?

how long은 '얼마나 오래'라는 뜻이고, 여기서 take는 '(얼마의 시간이) 걸리다'라는 뜻이에요. 이 패턴 뒤에 동사를 붙이면 '~하는 데 얼마나 걸려?'라는 질문을 만들 수 있습니다.

거기 가는 데 얼마나 걸려?

[01] **How long does it take to get there?**

그거 고치는 데 얼마나 걸려?

[02] **How long does it take to fix it?**

숙제 다 하는 데 얼마나 걸려?

[03] **How long does it take to finish your homework?**

여권을 새로 만드는 데 얼마나 걸리나요?

[04] **How long does it take to make a new passport?**
▶ **passport** 여권

컴퓨터를 재부팅하는 데 얼마나 걸리나요?

[05] **How long does it take to reboot the computer?**

Speaking Tip

뒤에 to를 연결하지 않고 쓰기도 합니다. 간단히 '얼마나 걸려?'라고 물을 때는 How long does it take?라고 하면 되고, '얼마나 걸렸어?'라고 과거형으로 물을 때는 How long did it take?라고 하면 됩니다.

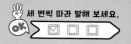
Pattern B

~ 어때?
# How about...?

How about...?은 '~ 어때?'라는 뜻으로 뭔가를 제안할 때 가장 흔하게 쓰는 표현이에요. 뒤에는 명사나 동명사를 쓰면 됩니다.

커피 어때?

06 **How about** some coffee?

영화 보는 거 어때?

07 **How about** watching a movie?

산책 가는 거 어때?

08 **How about** going for a walk?

도움을 요청하면 어떨까요?

09 **How about** asking for help?

딱 한 번만 더 시도해 보면 어때요?

10 **How about** trying just one more time?

 Speaking Tip

제안할 때 비슷한 느낌을 주는 표현으로 Why don't we...?가 있습니다. '우리 도움을 요청하면 어떨까?'는 Why don't we ask for help?라고 바꿔 쓸 수 있어요.

다음을 영어로 말해 보세요. 5초 안에 말하면 성공!

01. 내가 실수를 했었나 봐.

02. 분명 오해가 있었을 거야.

03. 무슨 이야기가 하고 싶은 거예요?

04. 그 사람 생일 선물 뭐 줄 거예요?

05. 넌 어떤 날짜가 제일 좋아?

06. 우리 몇 시에 만날까요?

07. 음식 어때?

08. 그 사람을 어떻게 알아?

09. 어떻게 살을 그렇게 많이 뺐어요?

10. 커피 어때?

정답
01. I must have made a mistake. 02. There must have been a misunderstanding. 03. What are you trying to say? 04. What will you get him for his birthday? 05. What's the best date for you? 06. What time shall we meet? 07. How's the food? 08. How do you know him? 09. How did you lose so much weight? 10. How about some coffee?

 **·Day·**

081~090

"이 과가 끝나면 여러분도
아래와 같은 말을 영어로 말할 수 있게 됩니다!"

Pattern A

왜 ～해?
Why do you...?

'걔를 왜 좋아해?', '왜 일찍 일어나?'처럼 상대방에게 이유를 묻는 질문이에요. Why do you 뒤에 다양한 동사를 붙여서 이유를 물어보세요.

그 사람을 왜 그렇게 많이 좋아해?

01 **Why do you like him so much?**

왜 그렇게 일찍 일어나?

02 **Why do you wake up so early?**

왜 그렇게 숙제가 많아?

03 **Why do you have so much homework?**

왜 항상 똑같은 티셔츠만 입어요?

04 **Why do you always wear the same T-shirt?**

왜 그렇게 셀카를 많이 찍어요?

05 **Why do you take so many selfies?** ▶ **selfie** 셀카

Speaking Tip

이유를 물을 때 뒤에 구체적인 내용 없이 '왜?'라고 묻고 싶을 때는 간단히 Why?라고 해도 되지만, '그게 왜 그런 거야?'라는 뜻으로 Why is that?이라고 물을 수도 있습니다.

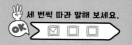
Pattern B

왜 ~했어?
Why did you...?

Why do you...?가 현재 행동의 이유를 묻는 거라면, Why did you...?는 과거 행동의 이유를 묻는 표현이에요. 말투에 따라서는 과거 행동에 대해 따지는 질문이 될 수도 있습니다.

왜 전화했어?

06 **Why did you call?**

그 사람이랑 왜 말다툼했어?

07 **Why did you argue with him?** ▶ argue with ~와 말다툼하다

주문을 왜 취소했어?

08 **Why did you cancel the order?**

왜 그렇게 늦게까지 안 자고 있었어요?

09 **Why did you stay up so late?** ▶ stay up late 늦게까지 자지 않고 있다

안 먹을 거면 왜 주문했어?

10 **Why did you order it if you are not going to eat it?**

Speaking Tip

'도대체 왜 그런 거야?'라고 따져 물을 때는 why 뒤에 on earth(도대체)를 넣어서 Why on earth did you do that?이라고 말해 보세요.

Pattern A

그건 왜 ~해?
Why is it...?

앞에 보이는 사물이나 눈앞에 벌어지는 상황, 또는 날씨 등을 주어 it으로 받아서 이유를 묻는 표현입니다. 뒤에 형용사를 붙여서 왜 이런 상태인지 물어볼 수 있어요.

왜 비어 있지?

[01] **Why is it empty?**

여기는 왜 이렇게 더워?

[02] **Why is it so hot here?**

그건 왜 그렇게 인기가 많아?

[03] **Why is it so popular?**

돈 모으기가 왜 이렇게 어렵지?

[04] **Why is it so hard to save money?**

연락하기가 왜 이렇게 힘들어요?

[05] **Why is it so difficult to reach you?**

Speaking Tip

'왜' 또는 '어째서'라고 물을 때 why를 how로 바꿔 쓸 수 있는 경우가 있습니다. 예를 들어 Why is it my fault?(그게 왜 내 잘못이야?)는 How is it my fault?(그게 어떻게 내 잘못이야?)와 의미가 거의 같아요.

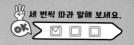
Pattern B

내가 왜 ~하겠어?
Why would I...?

Why do I...?는 '내가 왜 ~해?'라는 뜻이에요. do를 would로 바꿔서 Why would I...?라고 물으면 '내가 왜 ~하겠어?'라는 뜻이에요. 일어나지 않은 일에 대해 상상하면서 말하기 때문에 would를 사용한 거예요.

내가 왜 그러겠어?

06 **Why would I do that?**

내가 왜 거짓말을 하겠어?

07 **Why would I lie?**

내가 왜 이제 와서 포기하겠어?

08 **Why would I give up now?**

제가 왜 당신에 대해서 그런 말을 하겠어요?

09 **Why would I say that about you?**

제가 왜 그 사람들을 돕고 싶겠어요?

10 **Why would I want to help them?**

Speaking Tip

'나는 절대 그럴 일이 없다'는 뜻을 강조하고 싶다면 ever를 넣어서 말하면 좋아요. '내가 도대체 왜 그러겠어요?'는 Why would I ever do that?이라고 하면 됩니다.

Pattern A

그건 ~하기 때문이야

It's because...

because는 '~ 때문에'라는 뜻으로, It's because... 하면 '그것은 ~하기 때문이야', '그것은 ~라서 그래'라는 뜻이에요. 어떤 일의 원인을 말할 때 쓰기 좋은 패턴이에요. 뒤에는 '주어+동사' 형태를 붙이면 됩니다.

그건 오늘이 일요일이기 때문이야.

[01] **It's because today is Sunday.**

그건 바깥이 어둡기 때문이야.

[02] **It's because it's dark outside.**

그건 네가 일을 너무 많이 해서 그래.

[03] **It's because you work too much.**

그건 배터리가 다 됐기 때문이야.

[04] **It's because the battery died.**

우리가 아직 거기에 익숙하지 않아서 그래요.

[05] **It's because we are not used to it yet.**
▶ **be used to** ~에 익숙하다

Speaking Tip

It's because...와 That's because...로 문장을 시작해도 되지만 간단히 Because...로 문장을 시작해도 됩니다. 구어체에서는 be- 부분이 잘 안 들리고 cuz처럼 들릴 때가 많습니다. 그럴 때 철자는 cause가 됩니다.

Pattern B

~는 언제야?

When is...?

when은 '언제'라는 뜻의 의문사예요. '결혼식이 언제야?', '휴가가 언제야?'처럼 어떤 일의 시기를 물을 때 간단히 When is...?를 써서 물어보면 됩니다.

그 사람들 결혼식이 언제야?

[06] **When is their wedding?**

다음 휴가는 언제야?

[07] **When is your next vacation?**

직장 면접은 언제 봐?

[08] **When is your job interview?**

언제가 운동하기 제일 좋은 시간이에요?

[09] **When is the best time to exercise?**

언제가 당신한테 제일 편한 시간이에요?

[10] **When is the most convenient time for you?**
▶ **convenient** 편한

Speaking Tip

구체적인 날짜를 묻고 싶을 때는 when 대신 what date, 시간을 묻고 싶을 때는 what time 등으로 바꿔 말해 보세요.

넌 언제 ~해?

When do you...?

상대방이 평상시에 뭔가를 언제 하는지 물을 때는 when을 이용한 현재형 의문문을 사용해요. 이 패턴은 부사 usually(보통)와 함께 쓰여 When do you usually...?(보통 언제 ~해?) 형태로 쓰일 때가 많아요.

언제 퇴근해?

[01] **When do you leave work?**

그게 언제까지 필요해?

[02] **When do you need it by?**

보통 언제 일어나?

[03] **When do you usually wake up?**

점심은 **보통** 언제 드세요?

[04] **When do you usually have lunch?**

그렇게 바쁘면 친구들은 언제 만나세요?

[05] **When do you see your friends if you are so busy?**

Speaking Tip

usually 외에 '평소에, 보통, 대개, 주로'라는 뜻으로 쓸 수 있는 표현으로 normally와 generally가 있어 요. 다양하게 활용해 보세요.

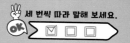
Pattern B

넌 언제 ~했어?
When did you...?

When do you...?가 평상시에 언제 하는지 묻는 거라면, When did you...?는 과거에 언제 했는지 묻는 표현이에요. 뒤에 다양한 동사를 넣어서 when의 과거형 의문문을 만들어 보세요.

여기 언제 도착했어?

[06] **When did you get here?**

언제 결혼했어?

[07] **When did you get married?**

결과 언제 받았어?

[08] **When did you get the results?**

그 사실에 대해서 언제 알게 됐어요?

[09] **When did you find out about it?**

그 사람을 마지막으로 본 게 언제였어요?

[10] **When did you last see him?**

Speaking Tip

무언가를 언제 '처음으로' 했고 '마지막으로' 했는지 묻고 싶을 때는 for the first time과 for the last time을 활용해 보세요. When did you meet him for the first time?(그 사람을 처음으로 만난 게 언제였어?)

하루 10문장 입에 붙이기

Pattern A

넌 언제 ~할 거야?
When will you...?

'언제 이사할 거야?', '언제 말할 거야?'처럼 미래에 언제 할지 물으려면 when 뒤에 미래 조동사 will을 붙여서 이렇게 물으면 됩니다. 뒤에 다양한 동사를 붙여서 물어보세요.

언제 도착해?

01 **When will you arrive?**

서울로 언제 이사할 거야?

02 **When will you move to Seoul?**

언제 철들 거야?

03 **When will you grow up?**

대학을 언제 졸업해요?

04 **When will you graduate from college?** ▸ graduate 졸업하다

결과를 저한테 언제 말씀해 주실 거예요?

05 **When will you tell me the results?**

Speaking Tip

좀 더 가까운 미래나 명확하게 예정된 일에 대해 말할 때는 When are you -ing?를 쓸 수 있어요. 곧 졸업을 앞둔 사람에게 '언제 졸업해요?'는 When are you graduating?이라고 해 보세요.

Pattern B

내가 ~였을 때
When I was...

대화를 나누다 보면 '내가 어렸을 때', '미국에 있었을 때' 하면서 과거 얘기를 할 때가 많죠. 그럴 때 쓸 수 있는 패턴입니다. 뒤에는 과거에 나의 상태나 나이, 위치 등을 붙여 주면 됩니다.

난 어렸을 때 수줍음을 많이 탔어.

06 **When I was young, I was very shy.**

난 마흔 살 때 이 집을 샀어.

07 **When I was 40, I bought this house.**

난 런던에 있었을 때 친구를 많이 사귀었어.

08 **When I was in London, I made a lot of friends.**

내가 어려움에 처했을 때 그녀가 나를 도와줬어요.

09 **When I was in trouble, she helped me.**

제가 학생이었을 때는 아무도 스마트폰이 없었어요.

10 **When I was a student, no one had a smartphone.**

Speaking Tip

'어렸을 때'를 가리키는 말은 다양합니다. When I was young은 '젊었을 때'도 될 수 있어서, When I was little이 더 확실하고, When I was a little boy/girl이라는 표현도 자주 쓰입니다.

하루 10문장 입에 붙이기

~는 어디에 있어?

Where is...?

where은 '어디에'라는 뜻의 의문사예요. '집이 어디야?', '고향이 어디야?'처럼 뭔가가 어디 있는지 물을 때는 Where is...?를 사용해서 간단하게 물어보세요.

사무실이 어디에 있어?

[01] **Where is your office?**

고향이 어디야?

[02] **Where is your hometown?**

다들 어디 있어?

[03] **Where is everyone?**

가장 가까운 약국이 어디예요?

[04] **Where is the nearest pharmacy?** ▶ **pharmacy** 약국

입구가 어디예요?

[05] **Where is the entrance?** ▶ **entrance** 입구

Speaking Tip

구어체에서는 더 짧게 줄여 Where's...?라고 발음하는 경우가 많습니다. 만약 위치를 묻는 대상이 여러 개라면 Where are...?로 시작할 수 있게 연습해 두세요.

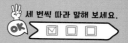

Pattern B

넌 어디에서 ~해?

Where do you...?

상대방이 어디에 사는지, 평상시에 뭔가를 어디에서 하는지 물을 때는 where을 이용한 현재형 의문문을 사용해요. 이 패턴은 부사 usually(보통)와 함께 쓰여 Where do you usually...?(보통 어디에서 ~해?) 형태로 쓰일 때가 많아요.

넌 어디 살아?

06 **Where do you live?**

어디에서 운동해?

07 **Where do you work out?** ▶ work out 운동하다

이런 이모티콘들은 어디에서 찾는 거야?

08 **Where do you find these emoticons?**

옷을 주로 어디에서 사요?

09 **Where do you usually buy your clothes?**

친구들이랑 보통 어디에서 어울려 놀아요?

10 **Where do you usually hang out with your friends?**
▶ hang out with ~와 시간을 보내다, 어울려 놀다

Speaking Tip

'언제'와 '어디'를 동시에 물어보고 싶을 때는 When and where라고 하면 됩니다. When and where do you meet up?(언제 어디에서 모여요?)

하루 10문장 입에 붙이기

넌 어디에서 ~했어?
Where did you...?

Where do you...?가 평상시에 어디에서 하는지 묻는 거라면, Where did you...?는 과거에 어디에서 했는지 묻는 표현이에요. '어디서 만났어?', '어디서 들었어?'처럼 where를 이용한 다양한 과거형 의문문을 만들어 보세요.

어디에 주차했어?
01 **Where did you** park?

너 그거 어디에서 들었어?
02 **Where did you** hear that?

어느 학교 다녔어?
03 **Where did you** go to school?

어디에서 그 사람을 처음 만났어요?
04 **Where did you** first meet him?

그 전에는 어디에서 일하셨어요?
05 **Where did you** work before that?

Speaking Tip

처음 만나 '고향'을 물어볼 때 자주 쓰이는 표현으로 Where did you grow up?이 있습니다. '어느 지역에서 자랐어요?'라는 뜻이지요.

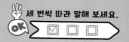

어디에서 ~할 거야?

Where will you...?

미래에 뭔가를 어디에서 할지 물으려면 where 뒤에 미래 조동사 will을 붙여서 이렇게 물으면 됩니다. 뒤에 동사를 붙여서 '어디로 갈 거야?', '어디에서 묵을 거야?' 등을 물어보세요.

어디에 묵을 거야?

06 **Where will you stay?**

휴가를 어디에서 보낼 거야?

07 **Where will you spend your vacation?**

이 사진을 어디에 올릴 거야?

08 **Where will you post this photo?** ▶ post (웹 사이트에) 올리다

어디에서 오실 건데요?

09 **Where will you be coming from?**

이거 다음에 어디로 가실 거예요?

10 **Where will you go after this?**

Speaking Tip

Where will you be coming from?을 현재형으로 바꿔서 '어디에서 오는 길이에요?'라고 말하려면
Where are you coming from?이라고 해야 해요. 만약 Where do you come from?이라고 하
면 '어디 출신이에요?'라는 말이 되어 버립니다.

하루 10문장 입에 붙이기

Pattern A

우리 어디에서 ~해야 할까?
Where should we...?

should는 '~해야 하다', '~하는 게 좋다'라는 뜻의 조동사라고 했어요. 따라서 이 패턴은 '우리는 어디에서 ~해야 할까/하는 게 좋을까?'라는 뜻이에요. 상대방과 어디에서 만나고 노는 게 좋을지 등을 의논할 때 사용해 보세요.

우리 어디에서 시작해야 할까?
01 Where should we begin?

우리 어디에서 만나는 게 좋을까?
02 Where should we meet?

다음엔 어디로 갈까?
03 Where should we go next?

저런 건 어디에서 사야 하나요?
04 Where should we buy something like that?

우리 뉴욕에 가면 어디에 묵는 게 좋을까요?
05 Where should we stay when we go to New York?

Speaking Tip

Where should we...?와 의미는 비슷한데 '~해야 한다'라는 뜻을 줄이고 '~할까?'라고 말하려면 Where shall we...?라고 하면 됩니다. Where shall we begin?(어디서부터 시작할까?)

Pattern B

어디에서 ～할 수 있어?

Where can I...?

내가 뭔가를 어디에서 할 수 있는지 물어보는 표현이에요. 특히 해외여행을 하다가 어디에서 표를 끊어야 할지, 어디로 입장해야 할지 등을 물어볼 때 자주 쓰는 패턴이에요.

어디에서 가입할 수 있어?

06 **Where can I sign up?** ▶ **sign up** 가입하다

이거 어디에서 출력할 수 있어?

07 **Where can I print this?**

그 동영상 어디에서 볼 수 있어?

08 **Where can I watch that video?**

그 강의 어디에서 들을 수 있나요?

09 **Where can I take that course?** ▶ **course** 강의, 강좌

거기에 대한 정보를 어디에서 더 찾을 수 있나요?

10 **Where can I find more information about it?**
▶ **information** 정보

Speaking Tip

'어디에서 ～할 수 있나요?'라고 할 때 Where can I...? 대신에 Where do I...?를 쓰기도 합니다. Where do I sign up?(어디에서 가입하나요?)

분명히 ～해
I'm sure...

sure는 '확신하는, 확실히 아는'이라는 뜻이에요. 내가 어떤 사실에 대해 확신한다고 말하려면 이 패턴 뒤에 '주어＋동사'를 붙여서 말하면 됩니다.

분명히 괜찮을 거야.
01 **I'm sure** it's going to be fine.

그 사람이 **분명** 마음에 들어 할 거야.
02 **I'm sure** he will like it.

분명히 전에 너한테 말했었어.
03 **I'm sure** I told you before.

다 잘될 거라고 **저는 확신해요.**
04 **I'm sure** everything will go well.

그 사람이 전혀 개의치 않을 거라고 **확신해요.**
05 **I'm sure** he won't mind at all. ▶ **not mind** 상관하지/개의치 않다

Speaking Tip

구체적인 내용이 이미 앞에 언급된 경우 '그 내용에 대해서 나는 확신해.'라고 말하고 싶을 때는 I'm sure of it.이라고 하면 됩니다.

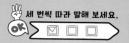
Pattern B

~인지 잘 모르겠어
I'm not sure...

I'm sure...의 부정문입니다. 확실하게 알고 있지 않을 경우 '잘 모르겠어'라고 말할 때가 많지요? 그럴 때 I'm not sure 뒤에 의문사절이나 if절을 붙여서 말해 보세요.

그걸 어디에 뒀는지 모르겠어.

[06] **I'm not sure where I put it.**

그 사람이 정확히 무슨 일을 하는지 잘 모르겠어.

[07] **I'm not sure what exactly he does.**

어쩌다 그런 일이 일어났는지 잘 모르겠어.

[08] **I'm not sure how that happened.**

그게 아직 저한테 있는지 모르겠어요.

[09] **I'm not sure if I still have it.**

제가 거기에 제시간에 갈 수 있을지 모르겠어요.

[10] **I'm not sure if I can get there on time.** ▶ on time 제시간에

Speaking Tip

> I'm not sure와 거의 비슷한 뜻으로 I don't know를 써도 됩니다. I'm not sure는 정확하게 모를 때, I don't know는 아예 모를 때 쓴다는 차이가 있어요. I don't know where I put it.(어디에 놨는지 모르겠어.)

Pattern A

~인지 확신이 없었어
I wasn't sure if...

과거에 확신하지 못했던 일에 대해서는 I'm not sure...의 과거형인 I wasn't sure...를 씁니다. 이 뒤에 if(~인지)를 붙이면 '~인지 확신이 없었다'는 뜻이 됩니다.

그녀가 알아차렸는지 잘 모르겠더라.

01 **I wasn't sure if she noticed.** ▶ **notice** 알아채다

그게 그냥 꿈이었는지 잘 모르겠더라.

02 **I wasn't sure if it was just a dream.**

이게 네 휴대폰인지 확신이 없었어.

03 **I wasn't sure if this was your phone.**

가게가 오늘 문을 열었는지 확신이 없었어요.

04 **I wasn't sure if the shop was open today.**

당신이 제 아이디어를 마음에 들어 할지 확신이 없었어요.

05 **I wasn't sure if you would like my idea.**

Speaking Tip

I wasn't sure 뒤에 if절 대신 의문사절을 써서 말할 수도 있습니다. '그 사람이 어디 있는지 잘 모르겠더라.'는 I wasn't sure where he was.라고 하면 됩니다.

~가 확실해?

Are you sure...?

Are you sure?라고 물으면 '확실해?', '정말이야?'라며 상대방에게 확실한 건지 묻는 질문이에요. 이 뒤에 '주어＋동사'를 붙이면 '~라는 게 확실해?'라는 뜻이 됩니다.

내 차례인 거 확실해?

06 **Are you sure it's my turn?**

이거 확실히 잠겨 있었어?

07 **Are you sure this was locked?**

전부 다 확인한 거 확실해?

08 **Are you sure you checked everything?**

거기 신용카드 받는 거 확실해요?

09 **Are you sure they accept credit cards?**

▶ **credit card** 신용카드

이거 정말로 혼자서 할 수 있겠어요?

10 **Are you sure you can do this on your own?**

▶ **on one's own** 혼자, 혼자 힘으로

Speaking Tip

뒤에 다른 말을 붙이지 않고 Are you sure?(확실해?)라고 묻는 경우도 많은데, 구어체에서는 are도 생략해 버리고 You sure?(확실해?)라고만 말하기도 합니다.

213

Day 081~090

다음을 영어로 말해 보세요. 5초 안에 말하면 성공!

01. 그 사람이랑 왜 말다툼했어? 🎤

02. 그건 왜 그렇게 인기가 많아? 🎤

03. 다음 휴가는 언제야? 🎤

04. 그게 언제까지 필요해? 🎤

05. 언제 도착해? 🎤

06. 넌 어디 살아? 🎤

07. 어느 학교 다녔어? 🎤

08. 우리 어디에서 만나는 게 좋을까? 🎤

09. 분명히 전에 너한테 말했었어. 🎤

10. 이거 정말로 혼자서 할 수 있겠어요? 🎤

Day 091~100

" 이 과가 끝나면 여러분도
아래와 같은 말을 영어로 말할 수 있게 됩니다! "

하루 10문장 입에 붙이기

Pattern A

~라고 어떻게 확신해?
How can you be sure...?

직역하면 '넌 어떻게 ~라는 것을 확신할 수 있어?'라는 뜻이에요. 상대가 확신하는 근거가 궁금할 때 이렇게 물어보세요. sure 앞에 so를 붙인 How can you be so sure...?(~라고 어떻게 그렇게 확신해?) 형태도 자주 쓰입니다.

이게 실수가 아니라고 **어떻게 확신해?**

01 **How can you be sure** this is not a mistake?

그 사람들이 너를 채용할 거라고 **어떻게 확신해?**

02 **How can you be sure** they will hire you?
▶ hire 고용하다

그 사람이 적임자라고 **어떻게 확신하세요?**

03 **How can you be sure** he is the right one?

가격이 내려갈 거라고 **어떻게 그렇게 확신하세요?**

04 **How can you be so sure** the price will go down?

그 제품이 잘 팔릴 거라고 **어떻게 그렇게 확신하세요?**

05 **How can you be so sure** the product will sell well?

Speaking Tip

뒤에 다른 말을 붙이지 않고 How can you be sure?(어떻게 확신해?) 또는 How can you be so sure?(어떻게 그렇게 확신해?)라고만 말하기도 합니다.

꼭 ~해
Be sure to...

뭔가를 잊지 말고 꼭 하라고 당부할 때 자주 쓰는 표현이에요. '~하는 것을 확실히 해라', 즉 '꼭 ~해라'라는 뜻이지요. to 뒤에는 동사원형을 붙이면 됩니다.

문을 꼭 잠가.

06 **Be sure to** lock the door.

메모를 꼭 해 둬.

07 **Be sure to** take notes. ▶ take notes 메모하다, 기록하다

제 이름을 꼭 언급해 주세요.

08 **Be sure to** mention my name. ▶ mention 언급하다

현금을 꼭 충분히 가지고 있으세요.

09 **Be sure to** have enough cash on you. ▶ cash 현금

예약을 꼭 미리 해 두세요.

10 **Be sure to** make a reservation in advance.
▶ in advance 미리

Speaking Tip

Be sure to 대신에 Make sure to를 써도 동일한 뜻이 됩니다. Make sure to lock the door.(문을 꼭 잠가.)

Pattern A

넌 ~해 보여
You look...

look은 '보다'뿐만 아니라 '보이다'라는 뜻도 있어요. 그래서 You look 뒤에 형용사를 쓰면 '넌 ~해 보여', '(보기에) 넌 ~인 것 같아'라는 뜻이 됩니다. 상대방의 외모나 컨디션이 어때 보이는지 말할 때 사용해 보세요.

속상해 보이네.

[01] **You look** upset.

안심하는 것 같구나.

[02] **You look** relieved. ▶ **relieved** 안도하는

오늘은 키가 더 커 보이네.

[03] **You look** taller today.

그 셔츠 입으니까 멋져 보인다.

[04] **You look** great in that shirt.

그 정장을 입으니까 아주 전문적으로 보여요.

[05] **You look** very professional in that suit.
▶ **professional** 전문적인 **suit** 정장

Speaking Tip

가볍게 '오, 멋진데!'라고 칭찬해 줄 때는 You look 대신 You're looking을 써서 You're looking great!이라고 하기도 합니다. 또는 You're를 생략하고 Looking great!이라고 할 수도 있어요.

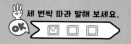
Pattern B

그건 ~해 보여
It looks...

사물이나 상황 등이 어때 보이는지 말할 때는 주어를 It으로 받아서 이렇게 말해 보세요. 물론 This looks...,
They look... 등도 상황에 맞게 사용하면 됩니다.

그건 아주 좋아 보여.

06 **It looks great.**

그건 비싸 보여.

07 **It looks expensive.**

그거 수상한 것 같아.

08 **It looks suspicious.** ▶ **suspicious** 의심스러운, 수상쩍은

무거워 **보이는**데 실제로는 아주 가벼워요.

09 **It looks heavy, but it's actually very light.**
    ▶ **actually** 실제로는

실제 가격보다 더 비싸 **보여요.**

10 **It looks more expensive than it really is.**

Speaking Tip

보이는 것과 실제가 다르다는 걸 말할 때 이 표현을 자주 사용해요. It looks heavy, but it's not.(보기
에는 무거워 보이지만 실제로는 안 무거워.) 이런 경우에는 looks를 강조해서 말해 줘야 해요.

그건 (보기에) ~인 것 같아
It looks like...

It looks... 뒤에는 형용사가 오지만, It looks like... 뒤에는 명사나 '주어＋동사'가 옵니다. 여기서 like는 '~처럼, ~같이'라는 뜻의 전치사입니다.

그건 새 건물인 것 같아.

01 **It looks like** a new building.

그건 재미있는 책인 것 같아.

02 **It looks like** a fun book.

그녀가 길을 잃은 것 같아.

03 **It looks like** she is lost.

뭔가에 대해 걱정하는 것 같네요.

04 **It looks like** you are worried about something.

이걸 우리끼리 해야 될 것 같아요.

05 **It looks like** we have to do this by ourselves.
　▶ **by ourselves** 우리끼리

Speaking Tip

구어체에서는 It looks like의 It을 생략하고 Looks like로 말을 시작하는 경우가 많습니다. Looks like she is lost.(그녀가 길을 잃은 것 같아.)

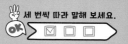
Pattern B

내가 ~처럼 보여?
Do I look like...?

나를 무시하는 사람에게 '내가 바보처럼 보여?'라고 따질 때가 있죠? 그럴 때 쓸 수 있는 패턴입니다. like 뒤에는 형용사가 아니라 명사나 '주어+동사' 형태를 붙여 주세요.

내가 거짓말쟁이처럼 보여?

06 **Do I look like a liar?**

내가 학생처럼 보여?

07 **Do I look like a student?**

나 살 빠진 것처럼 보여?

08 **Do I look like I lost weight?**

내가 세상 물정 모르는 사람처럼 보이나요?

09 **Do I look like I was born yesterday?**⭐

▶ **born yesterday** 쉽게 속는, 세상 물정 모르는

내가 신경 쓸 것 같아요?

10 **Do I look like I care?** ▶ **care** 신경 쓰다, 상관하다

Speaking Tip

Do I look like I was born yesterday?를 직역하면 '내가 어제 태어난 것처럼 보여?'라는 뜻이에요.
이 말은 '내가 세상 물정 모르는 어린애로 보여?'라는 뜻이에요.

221

Pattern A

(듣기에) ~인 것 같아
It sounds...

It looks...가 '(보기에) ~인 것 같아'라는 뜻이라면, It sounds...는 '(듣기에) ~인 것 같아'라는 뜻이에요. 상대방이 하는 말을 듣고 의견을 말할 때 사용하기 좋은 패턴이에요. 여기서 sound는 '~처럼 들리다'라는 뜻의 동사예요.

아주 좋은 것 같아.

01 **It sounds** great.

흥미롭게 들리네.

02 **It sounds** interesting.

적당하게 들리네.

03 **It sounds** reasonable. ▶ **reasonable** 타당한, 적당한

제가 생각했던 것보다 더 복잡한 것 같네요.

04 **It sounds** more complicated than I thought.
▶ **complicated** 복잡한

좀 너무 위험한 것처럼 들리는데요.

05 **It sounds** a bit too dangerous.

Speaking Tip

다른 사람은 모르겠지만 '내 기준으로' 봤을 때 어떻다고 말하려면 뒤에 to me를 붙이면 됩니다. It sounds good to me.(내가 봤을 때는 괜찮은 것 같은데.)

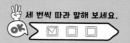
Pattern B

(들어 보니) ~인 것 같아
It sounds like...

It sounds... 뒤에는 형용사가 오지만, It sounds like... 뒤에는 명사나 '주어+동사'가 옵니다. 여기서 like는 '~처럼, ~같이'라는 뜻의 전치사입니다.

바람 소리처럼 들려.

06 **It sounds like the wind.**

좋은 아이디어인 것 같아.

07 **It sounds like a good idea.**

(들어 보니) 우리 여행을 취소해야 할 것 같아.

08 **It sounds like we have to cancel our trip.**

(들어 보니) 우리가 날짜를 잘못 고른 것 같네요.

09 **It sounds like we chose the wrong date.**

(들어 보니) 당신은 결정을 내린 것 같군요.

10 **It sounds like you have made up your mind.**
▶ **make up one's mind** 결심하다

Speaking Tip

보통 fun을 '재미있는'이라는 형용사로 알고 있는데, fun은 '재미'라는 명사이기도 합니다. 그래서 '재미있을 것 같아.'를 영어로 말할 때 It sounds like fun.이라는 표현을 자주 씁니다.

Pattern A

~인 것 같아
It seems like...

seem은 '~처럼 보이다', '~인 것 같다'라는 뜻이에요. 기본적으로 It looks like...는 보이는 외관에 초점을 맞춘 표현이라면, It seems like...는 어떻게 보이는지 주관적인 느낌이나 상황에 초점을 맞춘 표현이에요.

좋은 계획인 것 같아.

01 **It seems like a good plan.**

그들이 만족한 것 같아.

02 **It seems like they are satisfied.**

내일 날씨가 따뜻할 것 같아.

03 **It seems like it will be warm tomorrow.**

회의가 이제 끝난 것 같아요.

04 **It seems like the meeting is over now.**

그들이 아직 그것에 대해서 의논하고 있는 것 같아요.

05 **It seems like they are still discussing it.**

Speaking Tip

다른 사람이 한 말에 대해서 '그렇게 보이긴 하네.'라고 대답할 때 It seems like it.을 자주 사용합니다. 구어체에서는 It을 생략하고 Seems like it.이라고 하기도 합니다.

Pattern B

~하자
Let's...

Let's는 Let us의 줄임말이에요. let은 '~하게 놓아두다/허락하다'라는 뜻이므로 'Let's+동사원형'은 '우리가 ~ 하게 해', 즉 '우리 ~하자'라는 뜻이 됩니다. '가자', '만나자'처럼 '~하자'라고 말할 때 가장 흔하게 사용하는 패턴이에요.

커피 마시자.

06 **Let's have coffee.**

밖으로 나가자.

07 **Let's go outside.**

곧 다시 만나자.

08 **Let's meet again soon.**

그것에 대해서 좀 더 생각해 봅시다.

09 **Let's think about it a little more.**

그것에 대해서 내일 다시 이야기합시다.

10 **Let's talk about it again tomorrow.**

Speaking Tip

'~하자'라는 표현이 Let's...라면, '~하지 말자'는 어떻게 말할까요? Let's 뒤에 not만 붙이면 됩니다.
Let's not talk about it now.(그 얘기 지금 하지 말자.)

하루 10문장 입에 붙이기

Pattern A

~하자
Let's be...

Let's 뒤에 일반동사가 아니라 be동사가 온 패턴입니다. be동사 뒤에 형용사를 연결해서 '~하자'라고 말하는 표현이지요. 예문을 통해 연습해 보세요.

인내심을 가지자.

[01] **Let's be patient.**

현실적으로 생각하자.

[02] **Let's be realistic.** ▶ realistic 현실적인

좀 더 엄격하게 하자.

[03] **Let's be a little stricter.** ▶ strict 엄격한

다음 번에는 좀 더 조심합시다.

[04] **Let's be more careful next time.**

너무 낙관적으로 생각하지는 맙시다.

[05] **Let's not be too optimistic.** ▶ optimistic 낙관적인

Speaking Tip

Let's be...의 경우에는 앞으로 '우리가 ~해야 한다'는 의미가 담겨 있어서 We need to be... 또는 We should be...로 바꿔 쓸 수 있어요. 즉, Let's be patient.는 We should be patient.(우리는 인내심을 가져야 해.)로 바꿔 말해도 됩니다.

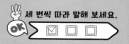
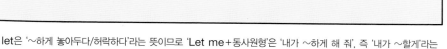

Pattern B

내가 ~할게
Let me...

let은 '~하게 놓아두다/허락하다'라는 뜻이므로 'Let me+동사원형'은 '내가 ~하게 해 줘', 즉 '내가 ~할게'라는 의미입니다. 같은 의미인 I'll...(내가 ~할게)에 비해 상대의 양해를 구하는 듯한 뉘앙스가 담겨 있어요.

내가 가서 확인해 볼게.

06 **Let me** go and check.

내가 그녀에게 이야기해 볼게.

07 **Let me** talk to her.

준비되면 알려줘.

08 **Let me** know when it's ready.

나중에 다시 연락드릴게요.

09 **Let me** get back to you later. ▶ **get back to** ~에게 다시 연락하다

그것에 대해 며칠 더 생각해 볼게요.

10 **Let me** think about it for a few more days.

Speaking Tip

질문에 바로 대답하기 어려울 때, 생각을 좀 더 해야 할 때 Let me think...라고 말해 보세요. '어디 보자', '생각 좀 해 볼게.'라는 뜻입니다.

하루 10문장 입에 불이기

Pattern A

그들이 ~하게 해
Let them...

'Let me+동사원형'은 '내가 ~하게 해 줘'라는 뜻이고, 'Let them+동사원형'은 '그들이 ~하게 해'라는 뜻이에요.
좀 더 응용해서 'Let him/her/it+동사원형(그가/그녀가/그것이 ~하게 해)'도 써 보세요.

그들을 보내 줘.

01 **Let them go.**

그들을 쉬게 해 줘.

02 **Let them rest.**

그들이 스스로 알아내게 하세요.

03 **Let them figure it out on their own.**
▶ **on their own** 그들 스스로, 그들의 힘으로

그들이 뭘 먹을지 결정하게 하세요.

04 **Let them decide what they want to eat.**

그들이 보고 싶은 거 아무거나 보게 놔 두세요.

05 **Let them watch whatever they want to watch.**

Speaking Tip

'그들이 ~하게 해'는 Let them...이고, '그들에게 ~하라고 해'라고 하려면 let을 tell로 바꿔 Tell them
to...라고 하면 됩니다. Tell them to rest.(그들한테 쉬라고 해.)

Pattern B

네가 ~하게 해 줄게
I'll let you...

직역하면 '난 네가 ~하게 할 것이다'라는 뜻이에요. 상대방이 뭔가를 하도록 허락하겠다는 의미입니다. 대표적인 표현으로 I'll let you know.(내가 알려줄게.)가 있습니다.

네가 결정하게 해 줄게.

06 **I'll let you** decide.

이번엔 네가 운전하게 해 줄게.

07 **I'll let you** drive this time.

다음번엔 네가 이기게 해 줄게.

08 **I'll let you** win next time.

결과를 들으면 알려드릴게요.

09 **I'll let you** know when I hear the results.

무슨 일 생기면 알려드릴게요.

10 **I'll let you** know if anything happens.

Speaking Tip

업무 중이었던 누군가와 대화를 하다가 '이제 다시 일할 수 있게 놓아 드릴게요.'라는 뜻으로 자주 쓰는 표현이 있어요. 바로 I'll let you get back to work.입니다.

229

Pattern A

난 전에 ~해 본 적 있어
I've p.p. before

해 본 적이 있다는 경험을 말할 때는 현재완료형(have+p.p.)을 사용합니다. I've는 I have의 축약형이고, p.p.는 과거분사를 나타냅니다. 내용상 '전에'라는 의미의 before와 함께 쓰일 때가 많습니다.

전에 그거 해 본 적 있어.

01 **I've done** that before.

전에 그것에 대해서 들어 본 적 있어.

02 **I've heard** about it before.

전에 거기에 한 번 가 본 적 있어.

03 **I've been** there once before.

전에 똑같은 문제를 겪은 적이 있어요.

04 **I've had** the same problem before.

전에 비슷한 경험을 한 적이 있어요.

05 **I've experienced** something similar before.

Speaking Tip

'해 본 적 있어'라고 단정적으로 말하는 대신 '해 본 것 같아'라고 확률을 낮춰서 말할 때는 앞에 I think를 붙여 주세요. I think I've heard of it before.(전에 들어 본 것 같아.)

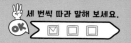
Pattern B

난 전에 ~해 본 적이 없어
I've never p.p. before

해 본 적이 없다고 할 때는 I haven't p.p.를 써도 되지만, 한 번도 해 본 적이 없다고 강조해서 말할 때는 never (절대/결코 ~않다)를 넣은 이 패턴을 사용해 보세요.

난 전에 홍콩에 가 본 적이 없어.

06 **I've never been to Hong Kong before.**

난 전에 여자친구가 있어 본 적이 없어.

07 **I've never had a girlfriend before.**

난 전에 그것에 대해 들어 본 적이 없어.

08 **I've never heard of it before.**

저는 전에 전기차를 운전해 본 적이 없어요.

09 **I've never driven an electric car before.**

저는 전에 응급실에 가 본 적이 없어요.

10 **I've never been to an emergency room before.**
▶ **emergency room** 응급실

Speaking Tip

전에 단 한 번도 그런 경험이 없었음을 강조할 때는 never 뒤에 even을 씁니다. I've never even driven a car before.(전에 한 번도 차를 몰아 본 적이 없어.)

Pattern A

~해 본 적 있어?
Have you ever p.p.?

현재완료형의 의문문 형태입니다. 상대방에게 먹어 본 적 있는지, 가 본 적 있는지 물어볼 때 이 패턴을 사용하세요. 여기서 ever는 '이제까지, 지금까지'라는 의미입니다.

거기에서 식사해 본 적 있어?

01 **Have you ever eaten** there?

해외에서 살아 본 적 있어?

02 **Have you ever lived** abroad?

유명인을 만나 본 적 있어?

03 **Have you ever met** a celebrity? ▶ **celebrity** 유명 인사

그 결정을 후회해 본 적 있어요?

04 **Have you ever regretted** the decision?

선생님이 되는 걸 생각해 본 적이 있나요?

05 **Have you ever thought** about becoming a teacher?

Speaking Tip

상대방에게 이런 질문을 받아서 대답한 후에 '너는?'이라고 묻고 싶을 때는 어떻게 해야 할까요? 앞부분만 이용해서 Have you?라고 물으면 됩니다.

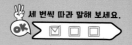
Pattern B

~하는 건 처음이야

It's my first time -ing

It's my first time. 하면 '난 이번이 처음이야.'라는 뜻이에요. 뭐 하는 게 처음인지 밝히려면 뒤에 동명사(동사원형+-ing)를 붙여주면 됩니다.

난 여기 와 보는 건 처음이야.

[06] **It's my first time being here.**

난 TV에 나오는 건 처음이야.

[07] **It's my first time being on TV.**

난 요리 수업을 듣는 게 처음이야.

[08] **It's my first time taking cooking lessons.**

저는 그들이 공연하는 걸 보는 게 처음이에요.

[09] **It's my first time seeing them perform.**

제가 그들 집에 방문하는 건 처음이에요.

[10] **It's my first time visiting their house.**

Speaking Tip

이렇게 구체적으로 말하지 않고 간단히 말하고 싶다면 That's a first.라는 표현을 써 보세요. '이런 경우는 또 처음이네.'라는 뜻으로 굳어진 표현입니다.

Pattern A

난 평소에는 ~ 안 해
I normally don't...

normally는 '평소에는, 보통 때는'이라는 뜻의 부사예요. 평소에는 잘 하지 않는 일을 말할 때 이 패턴을 써서 말해 보세요.

난 평소에는 안경을 안 써.

01 **I normally don't wear glasses.**

난 평소에는 택시를 안 타.

02 **I normally don't take taxis.**

난 평소에는 스포츠를 안 해.

03 **I normally don't play sports.**

저는 평소에는 말이 이렇게 많지 않아요.

04 **I normally don't talk this much.**

저는 평소에는 무서운 영화를 안 좋아해요.

05 **I normally don't like scary movies.**

Speaking Tip

이 패턴 뒤에는 but이 자주 쓰입니다. I normally don't take taxis, but today I had to. (평소에는 택시를 잘 안 타는데, 오늘은 어쩔 수 없었어.)

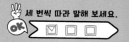
난 예전에 ~했었어
I used to...

used to...는 '(과거에) ~하곤 했다', '(예전에) ~했었다'라는 뜻이에요. 과거에 한동안 했던 일이지만 현재는 하지 않는다는 뜻을 내포하고 있어요. 뒤에는 동사원형을 붙이면 됩니다.

난 예전에 여기에서 일했었어.

[06] **I used to** work here.

난 예전에는 머리가 길었었어.

[07] **I used to** have long hair.

난 예전에는 정말 일찍 일어났었어.

[08] **I used to** wake up really early.

난 예전에는 그거 할 줄 알았었는데.

[09] **I used to** know how to do that.★

저는 예전에는 책을 훨씬 더 많이 읽곤 했어요.

[10] **I used to** read a lot more books.

Speaking Tip

'난 예전에는 그거 할 줄 알았었는데.'를 be able to를 써서 말할 수도 있어요. I used to be able to do that.이라고 하면 됩니다.

다음을 영어로 말해 보세요. 5초 안에 말하면 성공!

01. 문을 꼭 잠가.

02. 그 셔츠 입으니까 멋져 보인다.

03. 나 살 빠진 것처럼 보여?

04. 흥미롭게 들리네.

05. 밖으로 나가자.

06. 나중에 다시 연락드릴게요.

07. 무슨 일 생기면 알려드릴게요.

08. 난 전에 홍콩에 가 본 적이 없어.

09. 난 여기 와 보는 건 처음이야.

10. 난 예전에는 머리가 길었어.

MEMO

MEMO